TOGETHER WITH THE CHILDREN

● 子どもとかかわる力を培う

実践・発達心理学ワークブック

青木紀久代・矢野由佳子 編

執筆者一覧（五十音順）　○＝編者

○青木紀久代（あおきくきよ）	（お茶の水女子大学）	第3部—5
稲垣　馨（いながきかおる）	（常葉大学）	第3部—1
井上万理子（いのうえまりこ）	（川崎市中央療育センター）	第3部—4
岩藤　裕美（いわふじひろみ）	（お茶の水女子大学）	第3部—3
大國ゆきの（おおくに）	（東京成徳短期大学）	第1部—2
大野　和男（おおのかずお）	（東京都市大学）	第1部—3
加藤　邦子（かとうくにこ）	（川口短期大学）	第1部—4
島本　一男（しまもとかずお）	（八王子私立諏訪保育園園長）	第2部—3、コラム②・③
平沼　晶子（ひらぬまあきこ）	（和泉短期大学）	第1部—1
谷田　征子（やつだまさこ）	（お茶の水女子大学）	第3部—2
○矢野由佳子（やのゆかこ）	（和泉短期大学）	第2部—1・2、コラム①

はじめに

　本書は既刊の『新時代の保育双書　実践・発達心理学』につづき、主に保育者養成で必要とされる発達心理学の知識を、より実践的、応用的に役立てるためのワークブックとして企画されました。

　近年では、保育者に求められる知識、技術が多様化しており、保育現場ではさまざまな課題をもつ子どもや家族をいかに支援するか日々模索しています。保育者養成の段階では実際の支援に足を踏み入れることはできませんが、現場に出てから、保育者としての自信がゆらいだり不安を感じることの１つに、こうしたさまざまなケースへの対応があげられます。そこで本書では、演習形式の授業で役立てていただくことを念頭に置き、各項目の理論的背景とともに、ディスカッションの材料となる事例やワークを多く盛り込みました。ステップ形式で理解を深めることで、周囲の意見にも触れ、より実践的な力を培うことをねらいとしています。実際に保育者になったつもりでこれらのワークに取り組み、子どもや家族の理解や支援について考える機会になることを願っています。なお、ワークにはさまざまな事例が登場しますが、すべて架空のものです。そして、本書では発達心理学の視点からディスカッションのテーマなどを設定していますが、保育学や教育学など異なる視点から見ると、異なる理解も生まれると思います。答えを１つに決めたり正しい答えを導き出すのではなく、ぜひさまざまな視点に触れてみてください。

　各章の執筆者たちは、保育や福祉の専門家の養成に携わっていたり、各現場での臨床経験を豊富に積んでいます。発達心理学の知識を実践に役立ててほしい、そして、現場へ出る前に考えてほしいことを伝えたいという思いは同じです。

　最後になりましたが、本書は、出版社「みらい」の米山拓矢氏から依頼を受け、企画がスタートしました。編集・校正において大変お世話になりましたこと、感謝申し上げます。

2013年3月

編　者

本書の活用にあたって

　本書は、保育に関する心理学や子どもへの支援を実践的に学ぶためのワークブックです。各章は、基本的に「ガイダンス」「事例」「ワーク」の3つによって構成されています。「ガイダンス」を読み、「事例」に関する「ワーク」を演習課題として進めることによって、より実践的な力を培うことをねらいとしています。

　1つの章ごとの「ワーク」はおおむね90分を目安に作成していますが、進め方や取り組む手順などは各養成校で自由にアレンジしてご活用ください。

心理学の知見や子どもを支援するためのポイントを説明しています。

保育の現場の子どもたちのさまざまな姿に焦点をあてて紹介しています。

章のテーマに沿った質問を設けています。3つのステップで学びを深めます。

もくじ

はじめに
本書の活用にあたって

第1部　発達と保育実践

1．言葉の発達 ……………………………………………10
　ガイダンス：1―言葉はどのようにして獲得されるのか　／10
　　　　　　　2―前言語期のコミュニケーション　／10
　　　　　　　3―話し言葉の発達　～1歳から3歳のころ～　／11
　　　　　　　4―保育のなかで育む言葉　～3歳から5歳のころ～　／12
　ワーク①　：赤ちゃんとどうかかわるの？　／14
　事　例①　：乳児への言葉かけ　／14
　ワーク②　：「伝える」力を育むためには　／16
　事　例②　：伝言ゲーム　／16

2．仲間関係の発達 ………………………………………20
　ガイダンス：1―子ども同士の関係の発達　／20
　　　　　　　2―クラス集団のなかでの育ち　／21
　　　　　　　3―保育者のかかわり　／22
　　　　　　　4―個を育てる集団づくり　／23
　ワーク③　：保育者としての願いとかかわり　／24
　事　例③　：リレーで勝てなかったのは…　／24

3．自己主張と自己抑制 …………………………………30
　ガイダンス：1―自己主張と自己抑制とは　／30
　　　　　　　2―自己主張と自己抑制の発達的変化　／30
　　　　　　　3―自己主張と自己抑制の個人差　／32
　ワーク④　：個性と発達過程に応じた働きかけ　／34

　　　　事　例④　：自己主張が強すぎる女児　／34

４．社会性と情緒の発達……………………………………………38
　　ガイダンス：１―子どもを理解するためには　／38
　　　　　　　　２―発達を多様な視点からとらえる　／38
　　　　　　　　３―子どもの発達の特徴を知る　／40
　　　　　　　　４―子どもの気持ちに寄り添う　／41
　　　　　　　　５―社会性・情緒の発達支援　／42
　　ワーク⑤　：親子から仲間へ　／44
　　事　例⑤　：園での親子分離　／44

　★コラム①「親となること」／48

第２部　生活を通した学び

１．知的発達……………………………………………………………50
　　ガイダンス：１―幼児の知的発達の特徴　／50
　　　　　　　　２―子どもの達成感を大切にする　／51
　　ワーク⑥　：お店やさんごっこを展開してみよう　／52
　　事　例⑥　：お店やさんごっこ　／52

２．学習理論……………………………………………………………56
　　ガイダンス：１―生活のなかにあるさまざまな学習　／56
　　　　　　　　２―保育者の言動は子どもたちのモデル　／57
　　ワーク⑦　：動機づけを高めるために　／58
　　事　例⑦　：ぼく知ってる！　／58

３．身辺自立と自己決定………………………………………………62
　　ガイダンス：１―身辺自立をどのようにとらえるか　／62
　　　　　　　　２―子どもが自ら育とうとする力を信じる　／63

ワーク⑧　：子育てはいまどうなっているのだろう　／64
　　事　例⑧　：Rくんのトイレトレーニング　／64

★コラム②「食育から学ぶもの」　／68

第3部　保育における発達援助

1．子どもの個人差に配慮した保育 ……………………70
　　ガイダンス：1―個人差と発達の遅れ　／70
　　　　　　　　2―個人差と環境　／70
　　　　　　　　3―個人差に配慮した保育のあり方　／71
　　ワーク⑨　：個人差と発達上の問題の違い　／72
　　事　例⑨　：不器用なNちゃん　／72

2．就学に向けた支援〈就学相談・教育相談〉 ……………76
　　ガイダンス：1―小学校への移行期　／76
　　　　　　　　2―就学に向けた支援とは　／76
　　　　　　　　3―就学相談と教育相談の流れ　／78
　　ワーク⑩　：「気になる子」の就学支援　／80
　　事　例⑩　：発達が「気になる子」の就学に向けて　／80

3．家族支援 ……………………………………84
　　ガイダンス：1―子育て支援をめぐる社会の動き　／84
　　　　　　　　2―家族への支援　／84
　　　　　　　　3―保護者とのかかわりの留意点　／87
　　　　　　　　4―気になる子どもの家族への対応　／88
　　ワーク⑪　：子どもの様子を伝えてみよう　／90
　　ワーク⑫　：連絡ノートで伝えてみよう　／92

4．特別なニーズのある子どもに対する支援 ……………94
　　ガイダンス：1─幼児期の障害児への支援　／94
　　　　　　　　2─要配慮児に対する支援の流れ　／96
　　　　　　　　3─保育の場で要配慮児を正しく理解し支援するために　／99
　　ワーク⑬　：個別の配慮が必要な子どもの支援を考える　／100
　　事　例⑪　：ほかの子とかかわりがもちにくい年少児　／100

5．保育におけるカウンセリングマインド ……………104
　　ガイダンス：1─発達援助における協働　／104
　　　　　　　　2─協働的関係のなかでの保護者支援とカウンセリング　／104
　　　　　　　　3─相談構造の難しさ　／105
　　　　　　　　4─カウンセリングの基本的態度
　　　　　　　　　　～カウンセリングマインド～　／105
　　　　　　　　5─保育現場でカウンセリングマインドを生かす工夫　／106
　　　　　　　　6─保護者の心の特性を理解して、子育てを支援する　／106
　　　　　　　　7─カウンセリングマインドで用いられる基本的な用語　／107
　　　　　　　　8─他機関の連携や危機介入　／109
　　ワーク⑭　：カウンセリングマインドを生かしてみよう　／110
　　事　例⑫　：相談したい保護者　／110

　　★コラム③「インクルーシブな保育」　／114

第1部　発達と保育実践

　私たちは生まれたときから人に興味をもち、人と接することを望んでいます。その気持ちをはぐくみ、コミュニケーションの楽しさを伝えるのは大人の役割です。みなさんは保育者として、さまざまな可能性をもつ子ども一人ひとりを理解し、育ちを支援する立場になります。第1部では、言葉や人間関係の発達を保育実践にどのように活かしていくのか考えていきましょう。

第1部　発達と保育実践

1. 言葉の発達

ガイダンス

1 ── 言葉はどのようにして獲得されるのか

　言葉とは人との関係のなかで育つものである。赤ちゃんはおなかがすいたときやオムツが汚れたときに泣くことで、自分の不快な気持ちを養育者に知らせることができる。このように、人間は人との関係を作り上げていくのに必要な能力をもって生まれてくる。そして、養育者が乳児の泣きや表情から発せられるサインを読み取り応答することで、関係は築かれていく。そこでは、乳児の気持ちを正確にくみ取れなくても、乳児の気持ちに添いたいという思いであやしたり抱っこをしたりすることが大切だろう。それにより、乳児は養育者を信頼し、もっとかかわりたいという欲求を強めていく。そして、このような養育者との応答的な関係を通してやり取りは深まり、その過程でコミュニケーションの道具としての言葉を獲得していくのである。

2 ── 前言語期のコミュニケーション

　ここでは、言葉を発する前の乳児がどのように言葉を取り込んでいくのかについて考えてみよう。生後2か月ごろになると、産声のような叫び声（叫喚発声）*1や泣きのほかに、喉の奥でクーとなるような音声（クーイング）が聞かれるようになる。それに対して養育者が話しかけると、乳児は養育者の口元を見つめてその動きに引きずられるように口を動かす共鳴動作*2のみられることがある。このようなとき、養育者は普段よりも高くて抑揚のある声を用いることが多い。この話かけ方はマザリーズと呼ばれ、こういった乳児がのりやすい話し方の工夫が言葉の発達を促すと考えられている。

　4か月を過ぎたころは声遊びの時期ともいわれ、さまざまな音声が出せるようになる。そして、喃語のはじまりである「アーアー」という音を発するようになり、6か月ごろになると「ダダダ」「バババ」のように「子音＋母音」の構造をもつ規準喃語が現れる。その後「バブ」のよ

*1　叫喚発声
発声というよりも呼吸に伴い生じるもので、生後間もない赤ちゃんにみられる、周期的に繰り返される自動的な運動のひとつである。

*2　共鳴動作（co-action）
相手の口の開閉や表情などをみつめた後に同じ動作をする原初的模倣である。これには相手に共感するなどの意図は伴わないが、新生児が視覚的な情報と運動感覚を協応させて相手に反応できるという、社会的な能力を備えていることを示している。

図1　気持ちの共有

うに「子音＋母音要素の異なる母音」が反復するなど、月齢が進むにつれて複雑になっていく。ここで養育者が乳児の発する音声やしぐさを喜んで受けとめ、伝達的な意味を読み取り言葉にして返すというかかわりが、言葉を育てることにつながる（図1）。

9か月ごろになると、声を出して養育者を呼んだり自分の要求を訴えるようになる。それは、これまでの養育者とのやり取りを基礎にして、養育者がどのようにかかわってくれるかを予測できるようになるからである。この時期に大切なのは、三項関係のやり取りが成立することである。つまり、それまでの「おもちゃに注意を向ける」「乳児と養育者が微笑み合う」といった「自分ともの」「自分と相手」の二者だけのかかわり（二項関係）から、「自分とものと人」との関係を認識した三項関係に変化する。それにより、自分のもっているものを養育者にさし出してみせたり、養育者の視線を追いかけて養育者がみているものと同じものをみたりすることができるようになるのである。この互いの注意を重ね合わせる「共同注意」[*3]が言葉の獲得には重要であり、トマセロ（Tomasello, M.）[*4]はこの認識の変化を「9か月革命」と呼んだ。たとえば、道を歩いていると犬が散歩をしていたとする。それを母親がみて「ワンワンね」と指をさし示すと、子どもも犬に視線を向けるといったやり取りである。そして、この関係が成立することにより、子どもの方からも指をさして自分が注目したものを相手に伝えようとしたり、ほしいものを相手に要求することができるようになる（図2）。また、これらの動作に合わせて出てくる「アッアッ」などの発声は、言葉の前兆と考えることができる。このように、まだ言葉にこそならないが養育者との意思の疎通がはかられるようになり、このやり取りを土台にして言葉はその上に乗るようにして現れてくるのである。

図2　三項関係の成立

＊3　共同注意（joint attention）
相手の視線を追って相手が注意を向けている対象に自分も注意を向けることである。それは、単に同じものをみているだけではなく、お互いに相手が何をみているのかを知っていることが条件に入る。

＊4　トマセロ（Tomasello, Michael　1950—）
アメリカ出身の認知心理学者。人間と遺伝的一致率の高い類人猿との比較を通して、人間に固有の能力に関する研究をしてきた。言語獲得においては社会的側面の果たす役割が大きいと考えた。

3 ── 話し言葉の発達　～1歳から3歳のころ～

ある音声が一定の意味をもって発せられたとき、それは最初の言葉「初語」とみなされる。たとえば、「マンマ」という音声が喃語でもなく、食べ物を表した意味のある音であれば初語と認められる。初語が発せられる時期は個人差があるが、およそ1歳前後とされる。初語は「ママ」（母親）などの身近にいる人

や子どもになじみのあるものの名前が多い。また、先に示した「ワンワン」（犬）のような動物の声をまねした擬声語を幼児自身が使えるようになる。これは、「ワンワン」という一語に「犬がいるよ」という文の機能を担わせているので一語文とも呼ばれる。このとき、養育者が「ワンワンがいるね」など、子どもが伝えたい内容を文にして返すことで、子どもは自分の思いを受けとめてもらえた満足感を味わい、養育者の言葉を通して表現の仕方も学んでいくのである。

　そして、2歳ごろには「ワンワンいた」のように2つの言葉をつなげたり（二語文）、「だっこって（抱っこして）」のような少しまとまりのある表現ができるようになる。また、2歳後半になると物事の因果関係や対象との関係に気づき、それを知りたいという気持ちをもつために、「どうして？」「だれの？」といった質問をするようになる。その後、文中の単語数はさらに増え、助詞を用いたり主語や述語がはっきりしてくるなど、3歳のころには文の形になった表現ができるようになる。1歳を過ぎたころから3歳にかけては一生の間で最もたくさんの言葉を身につける時期である。そこでは、「感じたことを表現したい」「相手に思いを伝えたい」という気持ちが原動力となり言葉は発達していく。

4 ── 保育のなかで育む言葉　～3歳から5歳のころ～

　ここでは、3歳以降の言葉が幼稚園や保育所という集団生活のなかでどのように育っていくのか、そして、それを援助する保育者の役割について考えてみよう。先に述べたように、3歳のころには自分の気持ちや考えを文で表現して、家族などの親しい人と会話ができるようになる。しかし、さまざまな人とのかかわりをもつ集団生活は、家庭とは異なり不安や緊張も伴う。したがって、保育者はまず一人ひとりの子どもの気持ちに寄り添い、子どもが発する言葉に耳を傾け、その心を理解して対話する姿勢をもつことが大切である[1]。こうして築かれた保育者との信頼関係のもと、幼児は安心して自由に自己を表現し、また、他児ともかかわりを広げるなかで言葉を育んでいく。

　4歳にかけては文法が急速に発達し、接続詞を用いて「だからね」「それでね」と、複数の文を組み合わせてまとまりのある内容を表現する力がついてくる。しかし、まだ言語表現が十分ではないため、保育者は表情や動作などからも幼児の気持ちを受けとめ、理解していく必要がある。また、「それから？」といった問いかけをして話を発展させるなどの働きかけも大切になる。このような対話を通して、幼児は自分の思いが伝わった嬉しさや相手の話を聞いてわかる喜びを経験し、もっと話そうという気持ちを抱くようになるのである[2]。それに加えて、幼児は保育者の言葉を聞きながら、伝えたい内容をどう表現した

らよいのかも学んでいく。このように、保育者は幼児の言葉を育てるうえで重要な役割を担っており、保育者自身も感性や言葉を磨いていく必要がある。

図3　電車ごっこ

　言葉の発達は遊びの世界も広げていく。たとえば「電車ごっこ」は、実際に電車に乗ったときのことを心に思い浮かべながら、遊びを展開していく。そして、幼児は「しゅっぱつしまーす」「ガタンゴトン」などの言葉を使ってイメージをふくらませることで、運転手さんやお客さんになりきって楽しむのである（図3）。また、このころは言葉を聞いて想像する力がついてくるので、絵本も楽しめるようになる。

　4～5歳のころには文字への関心が高まり、友だちや身の回りにあるものの名前を読んだり書いたりしたがるようになる。そこで、保育者は遊びのなかで文字を使う楽しさを味わえるように援助していく。ただし、文字に対する興味の示し方には個人差もあるため、幼児一人ひとりの必要に応じて読み書きに親しめるような工夫をすることが大切である[3]。また、子どもたちは「なぞなぞ」や「しりとり」などの言葉遊びも楽しむようになり、自然な形で日本語のしくみに気づいていく。これらの遊びを通して言葉を豊かにしていくのである。

　5歳になると発話は文章的な表現に近づき、保育者の助けを借りずに自力で話を進めていけるようになる。ヴィゴツキー（Vygotsky, L. S.）[*5]は、コミュニケーションの道具として獲得した言葉は5～6歳ごろに分化して、思考のための道具として内在化されると考えた。それにより、子どもたちは心のなかで言葉を使って考えることもできるようになっていく。「サッカーごっこ」を例に考えてみよう。チーム分けやルール決め、遊びのなかで互いの思いを伝え合うなど、さまざまな言葉を交わす。このように、言葉で自分の思いを伝えることや相手の言葉に耳を傾けることが楽しいと感じる経験が、言葉で人とかかわるうえでの基礎となる[4]。その過程では、自分の考えをまとめたり相手の気持ちを理解するために、言葉は考える道具として使われ、それにより思考力や共感性が養われていくのである。したがって、保育者は幼児同士の心の交流をはかり、互いに伝え合い、理解し合うことの楽しさを体験できるよう援助することが大切になる。

＊5　ヴィゴツキー（Vygotsky, Lev Semenovich　1896－1934）
旧ソビエトの心理学者。人との会話などを通して発する言葉を「外言」、自分の頭のなかで考えるときの言葉を「内言」とし、発達とともに内言が豊かになり、考えを自分のなかだけでとどめたり、頭のなかでいろいろなことを考えられるようになると考察した。

> キーワード
> 応答的な関係、共同注意、伝え合い、コミュニケーションの道具、思考の道具

ワーク① 赤ちゃんとどうかかわるの？

 事例① 乳児への言葉かけ

　言葉が出る前の赤ちゃんはまだ話すことはできませんが、泣いたり笑ったりしてさまざまなサインを送っています。そこで、言葉を話し始める前の乳児とのかかわりについて考えてみましょう。
　4か月になるAちゃんは、保育者に向かって声を出したり、あやされると声を出して笑います。そのようなAちゃんのおむつ交換をするときに、保育者はどのような言葉かけやかかわりをしたらよいでしょう。

●STEP 1
　保育者としてどのようにかかわったらよいのか、①〜④について考えてみましょう。まず、各自が考えたことを【自分の考え】の欄に書いてみます。
●STEP 2
　次に、ほかの人の考えを聞いてみましょう。そして、自分では気づかなかったことや参考にしたいことを【新たな気づき】の欄に書きとめます。

①：視線はどのように合わせたらよいでしょう。

【自分の考え】

【新たな気づき】

②：おむつ交換を始めるときに、どのような言葉をかけますか。具体的な言葉かけを書き出しましょう。

【自分の考え】

【新たな気づき】

③：声の調子や話し方はどのようにしますか。

【自分の考え】

【新たな気づき】

④：Aちゃんが声を出したり笑ったりしたら、どのように応答しますか。

【自分の考え】

【新たな気づき】

●STEP 3

STEP1・2で考えた具体的な対応に基づいて、赤ちゃんとのかかわりで大切なことを次の3点から整理しましょう。

①：言葉を話し始める前の乳児に、保育者は「どのような姿勢」でかかわるのがよいでしょうか。

②：①のような姿勢は「保育者と乳児との関係」にどのような影響を与えていくと思いますか。

③：①のような姿勢は「言葉とコミュニケーションの発達」とどのように関係していると思いますか。

ワーク② 「伝える」力を育むためには

 事例②　伝言ゲーム

「伝言ゲーム」は言葉による伝達の遊びで、会話表現の基礎をほぼ獲得していく5歳児にふさわしい遊びです。そして、言葉を伝え合う楽しさを味わいながら、記憶力や伝達力、チームで協力する力など、さまざまな力を育てます。そこで、5歳児の「伝言ゲーム」における保育者の援助について考えてみましょう。

　ルールと手順は次のとおりです。
①子どもたちはチームに分かれて、縦一列にならぶ
②保育者は先頭の子どもだけを集めて、伝言する「言葉」を伝える
③「言葉」を聞いた子どもは、チームの先頭に戻る
④各チームの先頭の子どもは、後ろの子どもに「言葉」を耳打ちして伝える
⑤「言葉」を聞いた子どもは、後ろの子どもに順番に伝えていく
⑥最後まで伝わったら、一番後ろの子どもは前に出る
⑦全チームの最後尾の子どもたちが揃ったら、順番に伝言内容を報告する
⑧保育者が、伝言した「言葉」を発表する

　すみれ組の子どもたち（5歳児20人、男児9人／女児11人）が、「伝言ゲーム」を通して「言葉を伝え合う楽しさ」を体験するには、どのような工夫をしたらよいでしょう。ゲームは5人ずつ4チームに分かれて行うことにします。

●STEP 1
　保育者の指導に関して、設問①と②から考えてみましょう。
①については自分の考えを書きます。②についてはグループで話し合いながら書き出します。
●STEP 2
　設問①についてほかの人の考えを聞いてみましょう。②ではほかのグループの考えを聞きます。そして、自分では気づかなかったことや参考にしたいことを【新たな気づき】の欄に書きとめます。

①：伝言ゲームで使用する言葉を3種類考えて、書き出してみましょう。簡単な単語から少し長い文まで、「聞いたことを理解して、それを伝える」という点を踏まえて5歳児の言語発達にふさわしく、また楽しい言葉を選びます。次にそれを選んだ理由も書きましょう。

【各自が考えた「言葉」】

・1つ目の言葉

選んだ理由：

・2つ目の言葉

選んだ理由：

・3つ目の言葉

選んだ理由：

【新たな気づき】

②：伝言ゲームのルールと手順について、実際に子どもに説明する場面を想定して、どのように伝えるかを書き出してみましょう。

【グループの考え】

【新たな気づき】

第1部−1●言葉の発達［ワーク］

●STEP 3

　伝言ゲームの途中で起こるかもしれないトラブルとその対応について、グループで考えましょう。そして、子どもたちが「言葉を伝え合う楽しさ」を味わうには、保育者はどのような点に注意したらよいのかをまとめてみましょう。

○：起こるかもしれないトラブル

○：トラブルへの対応

○：子どもたちが「言葉を伝え合う楽しさ」を味わうための留意点

第1部　発達と保育実践

2. 仲間関係の発達

ガイダンス

1 ── 子ども同士の関係の発達

　ほとんどの子どもにとって、入園は人生で初めての集団経験となる。「おともだち」と称される、園で出会う他児は、今までつきあってきた大人とは異なる関係対象である。対等な関係で、似たことに興味や感性をもつ子とかかわることには、新鮮な喜びがあるだろう。しかしその子たちは概して、自分の意図や願いを先取りしてはくれないし、自分なりに言葉や態度で伝えたとしても相手がそれを理解してくれる保証はない。ましてや希望を聞き入れてもらえるとは限らないのである。未熟な見知らぬ子ども同士が出会い、少しずつお互いを知り、親しみ、いつしか協力する関係をつくり出していくのが、子ども同士の関係の発達過程である。

　子ども同士の関係は、まずは遊びのなかで同じ場や活動を共有することから始まる。平行遊びと呼ばれる、直接的なやりとりはないものの互いを意識している様子や、一緒にいることをなんとなく楽しんでいる様子の見られる遊び方である（表1）。言葉を交わすようになり、誘い合ったり約束して遊んだりするようになっても、体を揺らす、ジャンプするといったふとした場面での相手の動きをすぐに繰り返し、動きのリズムや面白さを共有して笑顔で見つめあう楽しそうな姿がよく観察される。理屈抜きで「一緒にいることが楽しい」と感じることが、人間関係が成り立つ基盤なのだろう。

　ほかの子どもとのかかわりが積み重ねられるなかで、しだいに仲良し関係が生じる。特定の相手を探し、その子と一緒に動いたり、その子がくれば無条件に受け入れたりするようになるのである。しかしその一方で、さまざまな仲間と遊ぶ姿も多く見られる。たまたま近くにいた、遊びの内容に興味をもった、保育者の働きかけがあったなど、きっかけは多様である。この時期の関係性は固定的なものではなく、子どもたちはさまざまなタイプの人間がいることに気づき、さまざまな人とのつきあい方を学んでいるといえる。

　幼児期の人間関係では、他者の考えを誤解したり、イメージが食い違ったり、自分の楽しさを追求することがほかの仲間に不快や苦痛を感じさせてしまったりして、いざこざが生じることも多いが、そうしたぶつかり合いを経験するなかで、自己主張や自己制御の能力が高まり、自分とは違う考えに耳を貸し、受

表1　パーテンによる遊びの分類

何もしない行動	その時々に興味をひかれたものを眺め、興味をひかれるものがなければ、何もせずにぶらぶらしている。
ひとり遊び	他の子どもがいてもあまり関心を示さず、やりとりすることもなく、玩具などで、一人で遊んでいる。
傍観者的行動	他の子が遊んでいるのをそばでみている。時には話しかけることもあるが、一緒に遊ぼうとはしない。
平行遊び	複数の子どもが近くにいて、同じような遊具を用いたり、同じような活動をしたりしているが、やりとりはない。
連合遊び	子ども同士でやり取りや会話をしながら遊びの場を共有しているが、「一緒に遊んでいる」ことを楽しみ、似たような行動を一緒にしている状態。厳密な役割分担は取れておらず、互いの遊びイメージがずれたままで、遊びが進行していることもある。
協同遊び	遊びの共通の目的やイメージのために子ども同士で話し合い、それぞれの子どもが仕事を分担し、異なる役割を果たすなど、組織的に動いて行う遊び。制作活動や劇遊びやゲーム遊びなどさまざまな形態を取る。リーダー的な役割をとる1〜2名が遊びを指揮していくことが多いが、それに従う子も所属意識をもち目的やイメージを共有している。

け入れる必要性を感じることも増えていく。

2 ── クラス集団のなかでの育ち

　幼児期に経験する仲間関係には、自然発生的に生じるインフォーマルな遊び集団のほかに、クラス（学級）と呼ばれるフォーマルな集団もある。年齢や保育方針によって程度の差はあるものの、子どもたちは園での生活においてクラスの一員として集団生活を送ることが求められる。そのなかで、所属意識が芽生え、行事などを契機に、クラスとして共通の目的に向かってまとまって行動する活動が展開されていく。

　一緒に活動している楽しさを感じるだけでなく、同じ目標を共有して達成しようと力を合わせ、やり遂げる満足感を味わうことで、話し合ったり説明したり互いのアイデアを伝え合ったりする「協同性」が高まり、ルールや決まりの必要性もわかってくる。

　クラス集団のなかで子どもたちがどのように育つかを具体的に理解するには、「事例」による学びが大切である。たとえば河邉（2005）は、卒園直前の子どもたちのドッジボール活動と音楽会への取り組みを例にとって、クラス集団のなかで、小学校以降の学習の基礎となる心情や意欲や態度がいかに育っている

かを具体的に解説している。また、無藤ら（2007）は領域「人間関係」の理解を助ける豊富な事例を紹介しているすぐれた指導者である。

「なにを」育てたいのかだけでなく、「どのように」それを育てるのかを考え、それを実行することができて、はじめて保育者が専門職として成り立つのである。事例を通して多くの優れた指導に触れ、専門的な力量を養ってほしい。

3 ── 保育者のかかわり

人とかかわる力は、集団に入れれば無条件に身につくというものではない。その発達を支える保育者の存在を忘れることはできない。保育者は専門的な力量のもと、子どもたちが仲間関係を育むうえで必要なさまざまな経験を保証し、その発達を援助していく。

仲間関係の成立における保育者のはたらきを概観すれば、＜自らが園生活における安全基地となり、その安心感のなかで子どもたち同士の関係をつなぎ、関係発展を援助する＞ということになろう。

このことをもう少し詳しく記述してみよう。

まず保育者は、園での遊びや生活における子どもたちの心のよりどころとして存在する。すなわち、保育者と個々の子どもとの間に信頼関係が築かれることが必要である。入園時、「担任」というのは大人が決めたことであり、子どもにとっては「センセイ（保育者）」は初めて会った見知らぬ大人に過ぎない。そのセンセイが、笑いかけ、抱きしめ、慰め、励まし、遊べる環境を整えて、自分を助け、導いてくれる人であることに気づくところから、子どもたちの園での人間関係は始まる。園生活が楽しくなるように支えてくれながら、戸惑いも不満も受けとめてくれる保育者とのかかわりのなかで、少しずつ子どもたちは保育者に信頼を寄せていくのである。

そのうえで保育者は、子ども同士のかかわりを生み出すようなきっかけを作ったり、保育者自身が子どもたちの遊びに加わって遊びを発展させたりすることを通して、子どもたちが園を自分の居場所だと感じられるよう、また、遊びや仲間関係の楽しさを経験できるように援助していく。

保育者は人とのかかわり方のモデルでもある。相手の身になって思いやる姿や励ます姿、忍耐強く待ちながらあきらめずに提案する姿などを見せることによって、そのような成熟したかかわりができるよう子どもを導いている。

こうしたかかわりのなかで特に重要なことは、保育者が個々の子どもを理解することである。どんな活動に魅力を感じ、力を発揮することができるのか。困ったときや不快なとき、それを保育者に伝えようとするかどうか。子どもと

楽しさを共有するだけでなく、困難を経験しているときにもそのことに気づき、共感し援助することによって、個々の子どもの自己主張や自己制御を支えていくことができる。怒りや悲しみや葛藤といったネガティブな感情を経験しても、保育者の援助のもとでそれを乗り越える体験を繰り返すことで、子どものレジリエンスは育てられていくのである。

4 ── 個を育てる集団づくり

　さまざまな保育者の援助のもと、集団生活と仲間関係を経験するうちに、自然に責任感や役割意識が芽生え、子どもたちは他者と協同することを学んでいく。子どもたちが力を出し合い困難に打ち勝ち何かを成し遂げる姿は感動的である。しかし、個々の子どもは集団のために存在しているわけではないし、ましてや保育者を感動させるために存在しているわけではない。

　ときに集団としての達成を意識し過ぎ、集団に目を向けるあまりに、子どもの個々の思いに気づけなくなったり、深く意識しないままに集団の大きな流れにのらない子どもに対して否定的なまなざしを向けたりしてしまう保育者がいる。子どもはそうした保育者のまなざしに非常に敏感であるため、その子自身も保育者に認められていないと感じている。周囲の子どもたちもまた、保育者の代わりに制裁するかのように、その子に対して攻撃的になったり排除したりすることがある。そうした集団においては、「のれない」「なじめない」子が、園での生活を安心して送れない雰囲気が生まれてしまう。

　保育のなかで仲間関係を育むとはどういうことだろう。子どもたちはいざこざから多くを学ぶ。葛藤を経験し、それを乗り越えるなかで成長する。しかし、あえていざこざの起きやすい環境を放置したり、子どもが見張り合い、批判し合うような集団をつくることは適切な指導とは言えない。

　保育者との関係のなかで、一人ひとりが尊重され、認められ、園を自分の生活の場として安心していられることなくして、幼児が仲間との葛藤を乗り越えることができるだろうか。集団での生活を通して幼児一人ひとりが自己発揮をできるよう援助し、幼児期にふさわしい発達を支えるために、個々の幼児を理解し、共感的にかかわり援助する姿勢をもつ保育者の存在が必須であることを、忘れてはならない。

> **キーワード**
> 遊び集団、クラス集団、いざこざ、自己主張、安全基地、協同性、レジリエンス

●STEP 1

事例③から保育者のかかわり方について考えてみましょう。

○：自分なりに、保育者Aと保育者Bの願いと日頃のかかわりについて想像し、次に、自分ならどうするかを考えてみましょう。箇条書きでかまいません。

・
・
・
・
・

○：保育者AとBは、子どもたちにどのように育ってほしいと願っているのでしょうか。想像して丸をつけてみましょう。

・思いやりのある人間	A	B
・責任感のある人間	A	B
・正義感のある人間	A	B
・仲間と力や心を合わせて助け合える人間	A	B
・譲り合う気持ちのある人間	A	B

○：保育者AとBの、子ども同士のいざこざへの基本的な対応の特徴を想像してみましょう。続いて、自分ならどのように対応したいかを考えてみましょう。

保育者A…

保育者B…

自分なら…

○：保育者AとBは、子どもが失敗や葛藤、挫折などを経験しているときに基本的にどのような態度で接しているのかを想像してみましょう。続いて、自分はどのような態度でありたいかを書いてみましょう。

保育者A…

保育者B…

自分なら…

第1部 発達と保育実践

3. 自己主張と自己抑制

ガイダンス

1 ── 自己主張と自己抑制とは

　社会生活をしていくなかで、自分の気持ちや行動をコントロールすることは重要であり、必要なことである。他者に気持ちや行動を調整される段階から、家庭での親やきょうだいとのかかわり、幼稚園や保育所での保育者や友だちとのかかわりを通して、自分の気持ちや行動を適切に表現したり我慢したりすることができるようになる。これを「自己調整」という。自己調整のなかで、特に、気持ちのコントロールの部分は、「情動調整」と呼ばれる。

　友だちとうまく遊ぶためには、相手の意図を理解し、自分の考えや気持ちを相手に伝えるということが必要になる。そういった周りの人と人間関係を作り、維持していくための行動を「社会的スキル」という。それには、言葉で自分の考えや気持ちを伝えることと、表情や身振り、声の抑揚など、言葉以外の部分で自分の気持ちや態度を伝えることが含まれる。これらの特徴がその子らしさであり、自己調整の機能であるといえる。

　自己調整機能のうち、「自己主張」とは、自分の感情や行動を他者に対して主張する側面である。「自分の意志や欲求を明確にもち、これを他人や集団の前で表現し主張する」[1]ことと、柏木（1988）は定義している。たとえば、自分のしたいことをはっきり言う、イヤだと思うことはイヤだと言うといった行動で示される。年齢とともに、単なる衝動的な行動で示すより、言葉や適切な表現で示すことができるようになる。

　それに対して、自分自身の感情や行動を自律的に調整することのなかでも、自分の感情や行動を抑制する側面を「自己抑制」という。柏木（1988）によれば、「自分の欲求、衝動をそのまま発言してはいけない場面、抑制すべき状況におかれたとき、それを抑制、制止する」[2]ことと定義できる。具体的には、感情を爆発させない、社会的ルールを守る、自分の欲求を遅延するといったことが含まれる。

2 ── 自己主張と自己抑制の発達的変化

　柏木（1988）は、子どもの自己制御機能を測定する試みとして、「幼児の行動

評定尺度」を開発している。これは、自己主張25項目と自己抑制46項目の計71項目から構成されており、5件法にて、教師が評定する形式となっている。

図1に示したように、自己主張は、3歳から4歳にかけて急激に上昇し、その後は停滞や後退を繰り返す。それに対して、自己抑制は3歳から7歳にかけてゆっくりと発達し、停滞や後退は見られない。

また、自己抑制は、どの年齢においても女児の方の得点が高くなっている。これらの自己主張・自己抑制のバランスをうまくとり、場面に合わせることができると、人とうまくやっていくことができる。

この自己主張と自己抑制の発達には、前述の量的な変化だけでなく、質的な変化があるという考え方がある。山本（1995）の研究では、身体的な攻撃（叩く、押す）、言語的手段を用いない取り返し（拒絶、抵抗、取り返す）、他者依存（先生・友だちに言う）といった自己主張は、年齢の増加とともに減少し、説得（言語的な拒絶、相手への説得、説明・自己の権利の要求）、強調（相手の意見も取り入れて遊ぶ、一緒にもしくは高度に使用する）という自己主張は、年齢の増加とともに増加することが示されている。つまり、非言語的で自己中心的な自己主張方略から、言語的で自他双方の要求を考慮した自己主張へと変化していく。

また、子安・鈴木（2002）の研究では、年中児では、自己抑制的反応が多く、年長児では自己主張的反応が多いことを示している。

これらのことから、年長児になると、状況によっては、自己抑制せずに自己主張すべきであることを認識できるようになるといえる。ただ、自己主張は、年長児にとって、それが正しいと理解していても必ずしも行動として表れるかどうかとは別のようである（大内、2011）。鈴木（2006）は、幼稚園児の日常的

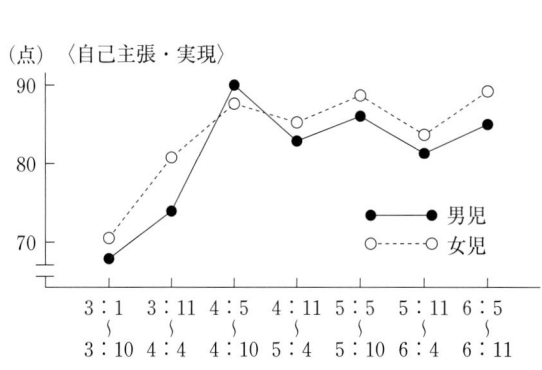 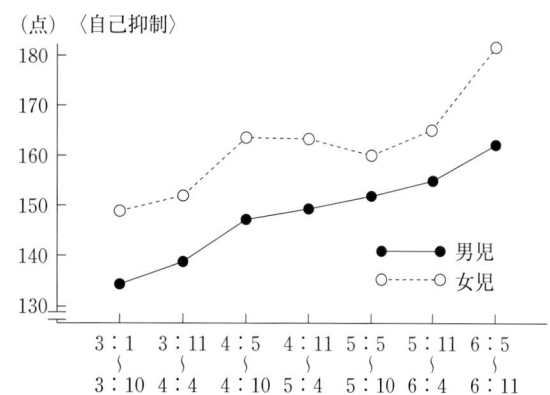

図1　自己主張・自己抑制の精査、年齢的変化

出典：柏木惠子『幼児期における「自己」の発達：　行動の自己制御機能を中心に』東京大学出版会　1988年　p.23

表1　各年齢における自己調整的行動の発達的特徴

自己抑制	段階	自己主張
自己抑制すべき局面が意識されにくくなる。仲間関係の維持など、長期的な展望に立った自己抑制が可能になる。	欲求と規範の融合（年長児）	自分にとって価値が大きいものに対する自己主張がよく見られる。一方で、相手との関係性を考慮し、あえて自己主張を控えることもある。
規範への意識が強くなるが、一方で規範を意識するあまり過剰に自己抑制的になったり、結果として不満を爆発させてしまったりする。	欲求と規範の葛藤（年中児）	自己主張の根拠として規範を持ち出すことが多くなる一方で、規範を過剰に意識し、自己主張に失敗することがある。
ルーティンに沿わない状況や欲求と規範の隔たりが大きいときに、自己抑制が失敗しやすいが、外的指示に従った自己抑制が可能である。	欲求の衝動的表出（年少児）	「したい」「したくない」という単純な表現での自己主張が多く、理由や根拠を述べることは少ない。

出典：鈴木亜由美「幼児の日常場面に見られる自己調整機能の発達：エピソードからの考察」『京都大学大学院教育学研究科紀要52号』京都大学大学院教育学研究科 2006年　p.382

な個別活動、集団活動の場面でどのような自己調整活動を示しているのかについて検討した結果から、自己調整的行動の発達を表1のように整理している。

3 ── 自己主張と自己抑制の個人差

　首藤（1995）は、母親が自分の子どもを評定する形式で行う尺度を開発している。これは、前述の柏木（1988）の尺度から、家庭場面での幼児の行動をよく表していると思われる自己主張尺度8項目、自己抑制尺度12項目の計20項目が選択されている。

　首藤（1995）は、この尺度を用いて、3つのタイプの子どもがいることを見いだしている。3つのタイプとは、自己主張も自己抑制も両方高い「両高型」、自己主張が高く自己抑制の低い「主張型」、自己主張も自己抑制も両方平均以下であるものの個人内ではやや自己抑制の強い「抑制型」である。このタイプのうち、「主張型」の幼児と「両高型」の幼児とでは、どちらも自己主張の高さは同じであるにもかかわらず、向社会的行動の質が異なることが報告されている。「主張型」の幼児は、自発的な向社会的行動が多いのに対して、「両高型」の幼

児は、仲間からの依頼に応えた向社会的行動を行っているという。

では、実際の保育現場ではどうだろう。1つのクラスのなかにはさまざまな子どもが存在する。自分の思ったことを口にしたり、行動に移したりできる子どももいれば、やりたいことなどをうまく表現できない子どももいる。保育者は、さまざまな子どもに対して、その子どもに合わせて働きかけていく。たとえば、自己主張ができる子どもには、もう少し友だちの気持ちを考えて言う必要があると考え、自己抑制的な子どもには、表現できるようにフォローしているということがみられる。

集団生活を送るにあたって、自己主張と自己抑制は、どちらも重要な機能をもっている。自己主張と自己抑制をバランス良く機能させることが、その後の社会生活のなかで適応的に生活するために必要とされる。保育者は、子どもの発達状況に合わせ、個人差を見極めながらかかわり、バランス良く発達するよう環境を整えていくことが期待される。

キーワード

自己調整、情動調整、自己主張、自己抑制、社会的スキル

ワーク④　個性と発達過程に応じた働きかけ

　事例④　自己主張が強すぎる女児

　年少組に入園したEちゃんは、身体も大きく、クラスのみんなにすぐ名前を覚えられました。それは、他児に対して、手は出る、口は出るで、何かというと「ぷん」としてしまったり、クラスのトラブルメーカー的な存在だったからです。担任の先生もどうなることかと思ったくらいでした。

　でも、1学期を通して、友だちとぶつかり合うなかで少しずつ集団生活のルールなどの理解もできてきて、注意されることが減ってきました。

　もちろん、素直で行動的でリーダーシップをとれるなど、いい面がたくさんあることを先生は気づいています。

　年中になってクラス替えがあり、Mちゃんという新しいクラスメイトが入園してきました。Eちゃんは、Mちゃんとすぐ仲良しになりました。Mちゃんも、Eちゃんに負けず劣らず、自己主張が強すぎるタイプです。そのことで、Eちゃんは、自分の思い通りにならないことも多くなり、仲良しなのですがぶつかることも多くなりました。

●STEP 1

この女児の発達を通して、子どもの発達を改めて考えてみましょう。

①:『保育所保育指針』の「第2章 子どもの発達」から、自己主張と自己抑制に関係すると思われる箇所を抜き出してみましょう。

②:『保育所保育指針』の「第3章 保育の内容」と『幼稚園教育要領』の「第2章 ねらい及び内容」のなかの「人間関係」の記述に注目して、保育所・幼稚園という集団生活のなかでは、「自己主張・自己抑制」がどのような意味をもつのか、考えてみましょう。

●STEP 2

『保育所保育指針』の「第4章　保育の計画及び評価」や『幼稚園教育要領』の「第1章総則　第1　幼稚園教育の基本」などを参照して、Eちゃんのように、自己主張が強い子どもに対しては、どのような働きかけが必要か考えてみましょう。また、Eちゃんと逆に、自己抑制が強い子どもに対して、どのような働きかけが必要か考えてみましょう。

○：自己主張が強い子どもに対する働きかけ

○：自己抑制が強い（自己主張ができない）子どもに対する働きかけ

●STEP 3

みんなの意見を発表しあい、聞いて感じたこと、改めて気づいたこと、振り返ったことをまとめましょう。特に、子どもの違いによる働きかけ方について、月齢や年齢も考慮してみてください。

○：自己主張が強い子どもに対する働きかけ

○：自己抑制が強い（自己主張ができない）子どもに対する働きかけ

第1部 発達と保育実践

4. 社会性と情緒の発達

 ガイダンス

1 ── 子どもを理解するためには

　保育の現場で出会う子どもたちについて、他者とどのように関係をもつかという「人とかかわる力」とともに、どのように気持ちを表出するのか、あるいは抑制するのかという「感情コントロール」の側面から近づいてみよう。乳幼児期は社会性と情緒について、自己調整のきざしがみられ、変化が著しい時期といえる。一方で乳幼児期の発達には、生得的な特徴や養育環境の影響が反映されやすい。子どもは人指向性を備えて生まれるが、自己調整が不十分であるため、現場では保育者による支援や援助が必要になる。

　それでは、目の前にいる子どもについて、社会性と情緒の姿を理解しようと思ったとき、あなたはどのような行動をとるだろうか。まず現場の状況全体をとらえること、子どもは何を見ているか、どんなモノを触っているか、誰といるかなど詳細に観察することだろう。次に具体的な姿から、子どもはどんな気持ちやつもりなのか、その結果どんな行動に結びつくか、誰に働きかけるかなど、類推するかもしれない。子どもの現実を保育者なりにとらえたうえで、子どもに近づいたり、言葉をかけたり、具体的に働きかけて、その子どもとかかわりながら、理解を広げることになる。それが支援や援助になることもあれば、見当はずれの場合もあるだろう。

　このように、私たちは保育現場で日々子どもと出会い、具体的な姿から子どもを理解しようと努め、その理解をもとに子どもとコミュニケーションをとるなどのかかわりを積み重ねる。子どもにとって支援や援助につなげられるよう工夫する。その一方で、保育者の子ども理解が誤っていたことに気づいたり、理解が不十分であることを自覚する。その際には、子どもから教えてもらうことで、より深く理解できるだろう。

2 ── 発達を多様な視点からとらえる

　『幼稚園教育要領』・『保育所保育指針』（2008年）によれば、子どもの社会性の発達とは、「他の人々と親しみ、支え合って生活するために、自立心を育て、人とかかわる力」のことである。子どもの情緒の発達とは、「保育士等との信頼

第1部−4 ●社会性と情緒の発達［ガイダンス］

関係を基盤に、一人一人の子どもが主体的に活動し、自発性や探索意欲などを高めるとともに、自分への自信を持つことができる」ことである。

乳幼児が暮らす現実場面は、かなり複雑に動いている。発達に配慮した保育実践を行うためには、どの視点から子どもを見ているのか―ということを意識することから始めてほしい。子どもの暮らしている現場の文脈をなるべく壊さないように、乳幼児の行動・言葉・表情を、見たり聴いたりすること、子どもたちがモノをどのように介在させているかに敏感になることが必要とされる。

まず、第一に大切なことは、乳幼児の気持ちに近づくことである。そのためには、日ごろから子どもの行動・子ども同士の仲間関係・親子関係を丁寧にみる経験を積み重ねること、子どもの行動、相手や場面による違いを観察し、そこから乳幼児の気持ちを解釈する訓練を積むこと、さらに子どもと深くかかわることにより、人間関係を築いていくことが求められる。

同じ場面を観察しても、そのとらえ方は多様である。「遊び」に注目する人もいれば、「発話」の発達、「仲間関係」、「自己主張や自己統制」の様子、「個人差」、「保育者の支援のあり方」、乳幼児が大人や他児とどんなやりとりをしているかをとりあげる人もいる。乳幼児が遊んでいる姿を観察した後で、グループで話し合ってみると、人によってさまざまなとらえ方があることに気づくだろう。いろいろな見方を知ることによって、子どもの個性、多面性をとらえられるようにもなる。

子どもたちを取り巻く環境や状況、そこでの一人ひとりの行動・表情・視線など、さらには、実際に生じている相互作用をとらえることによって、子どもの気持ちやつもりを類推し、解釈することが可能になる。このような気づきは指導計画に生かすことができる（図1）。

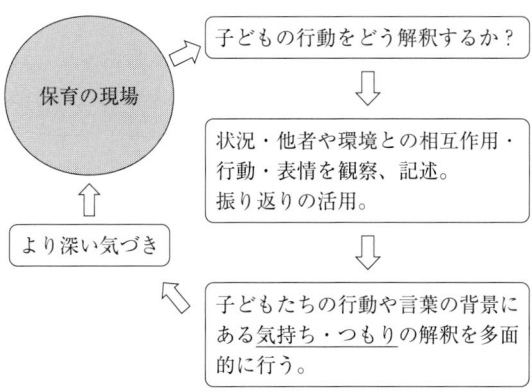

図1 現場で子どもの社会性・情緒の発達を理解する

3 ── 子どもの発達の特徴を知る

　ファンツ（Fants, R. L.）[1]は、赤ちゃんが人の顔のような図形を好むことを明らかにした。社会性の発達について、子どもは生まれながらにして、人指向性が高いことが確かめられている。また、赤ちゃんには、状況と関係なく「新生児微笑」「自発的微笑」といわれるような反射的行動が観察される。その後しだいに養育者にあやしてもらったとき、話しかけられたときに合わせて「社会的微笑」が出現するようになる。社会的微笑は、人からの働きかけに対する乳幼児の敏感さをあらわしている。

　大人に向かって発信したサインに、適切に応えてもらえる体験の積み重ねが、その後の社会性の土台となるのである。さらに保育者や養育者は、乳幼児の見ているものを一緒に見ることによって、子どもが何に対して興味をもっているか、嗜好、気持ちや意図につなげて個々の特徴を理解する。このような「共同注意」は、はじめは大人の方から子どもの見ているものに合わせることが多いが、しだいに子どもの方から大人の嗜好、気持ちや意図に合わせる現象もみられるようになる。

　やがて乳児期後半になると、初めて出会う状況で判断に迷う時があると、養育者の表情が険しいか、それともほほえんでいるかなどを手がかりにして、次

表1　愛着の発達段階

段階	特徴
第1段階 （3ヵ月ころまで）	不特定多数の人物に対して、注視する、泣く、微笑む、声を出すなどのシグナルを送る。
第2段階 （6ヵ月ころまで）	乳児がシグナルを送る対象が、特定の人物になっていく。
第3段階 （6ヵ月から2、3歳まで）	運動機能の発達に伴い、これまでのシグナルに加え、後を追ったり、抱っこを求めたり、しがみついたりなど、能動的な行動を通して、特定の対象との近接を絶えず維持しようとする。また外界への興味も高まり、特定対象を安全基地として探索行動をするようになる。
第4段階 （2、3歳以降）	認知の発達に伴い、養育者の意図や周囲の状況などが把握できるようになり、養育者の意図と自分の意図が異なる場合でも調整、修正を行えるようになる。また自分に何かあったときは助けてくれるという愛着対象のイメージが内在化され、絶えず養育者との近接を維持していなくても行動できるようになる。

出典：菅野幸恵・塚田みちる・岡本依子著『エピソードで学ぶ赤ちゃんの発達と子育て―いのちのリレーの心理学』2010年　新曜社　p.39

に起こす自分の行動をコントロールしようとするような「社会的参照行動」がみられる。社会的参照行動によって、探索が安全に活発に進められ、養育者や保育者との間に信頼関係が築かれるようになる。このことは、乳幼児が自分の行動選択について、他者の判断基準を参照することを示しており、自己調整の兆しと考えられる。すなわち、対人的スキル、態度、習慣、行動パターンを習得し、社会に対する理解を蓄積していく社会化の過程の第一歩である。子どもの社会的参照行動は、特定の人を参照した結果、子どもの情緒の安定につながる場合には、その人との間に信頼関係が築かれ、情緒的絆を形成することになるととらえることができる（表1）。

4 ── 子どもの気持ちに寄り添う

情緒の発達にかかわるためには、保育者と子どもとの間にまず信頼関係を築くことが必要となる。鯨岡峻（2005）[2)] が、『エピソード記述入門』のなかで「成り込み」と表現している間主観性の世界は、子どもがうれしいと思っていることが手に取るようにわかったり、悲しいことが自分の身に起こったように感じられたりする世界なのである。このように子どもの気持ちに寄り添うためには、間主観的に子どもとつながるような視点が必要となる。その一方で、ちょっとひいて見るような客観性の視点も必要とされる。

たとえば、目の前で「子どもが泣いている」場面に出くわしたとする。その現象は氷山の一角である（図2）。その子どもの過去を手繰ってみると、他児にもっていたものを取られたのかもしれないし、さっき親子分離したお母さんのことを思い出したのかもしれないし、お腹が痛いのかもしれないし、さまざまな理由が考えられる。泣くことによって、保育者に気づいてほしいことがあるのかもしれない。もしかしたら、他児のまねをして泣いているのかもしれない。

子どもが情緒を表出する理由はさまざまである。体と心をもっと成長させたいというサインであり、ときには他者に向けて、直球で投げかけることもあれ

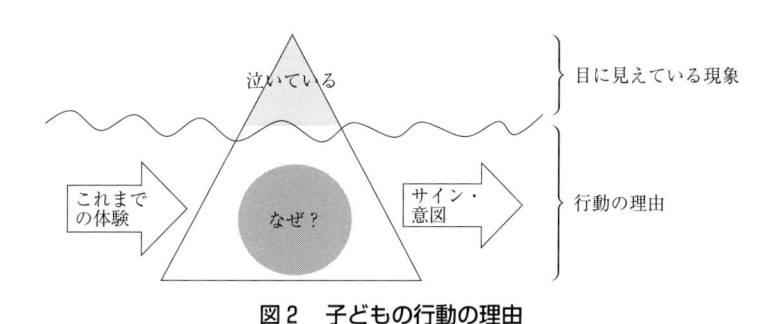

図2　子どもの行動の理由

ば、ささやかに発信することもある。その人のことが大好きだからこそ、攻撃的な言葉・態度で発信することもある。とはいえ、相手が保育者や養育者などの大人でも、子どもの真意がいつもわかってあげられるわけではない。

　保育実践では、関係における情緒の発達をとらえることが必要である。不快感情として腹立たしい、怖い、悲しいなどの情緒、快感情としてうれしい、楽しい、誇らしいなどの情緒が、他者とのやりとりのなかで生じ、なかには快・不快の両価的な情緒を抱く状況もみられる。一方で、幼児期中期以降は、コール（Cole, P. M.）3)が感情の「展示ルール」として明らかにしたように、相手の視点に立って気持ちを表出するようになる。相手や状況に応じた感情コントロールができるようになり、自分も相手も傷つかずに自尊感情が保たれるしくみが成立する。

5 ── 社会性・情緒の発達支援

　情緒を豊かに経験することや他者に向かって表出できることはとても重要だが、それがまわりの子どもたちにとっては不快であったり、子ども同士のかかわりにおいて社会的に承認できないことがある。前出の表1で、2～3歳以降の発達段階の特徴をみると、「認知の発達に伴い周囲の意図や状況がわかり調整や修正が行えるようになる」とされている。このように、幼児期は自分の所属する集団のなかで、社会的に認められるような情緒の表出ができるようになり、自己調整が促進されていく。

　保育所・幼稚園の場面から、その対応について考えてみよう。

　興味をもったことに一生懸命とりくんでいる4歳児のAちゃん。日々の保育ではタイムスケジュールが決まっているために、Aちゃん対して「食事の時間になったので片づけよう」という状況が生じる。活動を続けたいのに、途中で片づけなければならないという場面でAちゃんは、かんしゃくを起こすだけでなく、隣にいた他児のおもちゃを取り上げてしまったり、たたいたり、かみついたりするなどの攻撃的な行動をするようなケースがみられる。

　保育実践を集団場面での子どもの社会化ととらえると、遊びを通して時間と空間を子ども同士で共有する場面といえる。子どもは、家族のなかのルールとは異なる役割を理解し、異なるルールのもとに生活・遊びを体験する。ときには自然発生的な「葛藤」を抱えることがあり、なんらかの制裁を加えたり、受けることもあるが、大切なことは主体は子どもたちであり、子ども自身が安心を生み出せるような共通のルールを獲得していくことが必要なのである。そのためには、園のなかだけでなく、地域の人々との交流、祖父母や知人とのかかわ

わりは、少子化時代の子どもの社会化にとって重要な人的資源といえる。

　最後に、豊かな保育実践につながるような子どものとらえ方について考えてみよう。先述したように社会性と情緒の発達は、子どもの対人関係と気持ちを理解することから始まる。

　保育者や養育者が子どもにどんな言葉かけをしているかという言動や、どんな援助をしているかという行動に注目しがちだが、これは保育者や養育者などの「大人の視点」とみなせる。子ども同士が自己調整を獲得する過程をとらえるためには、一人ひとりの「子どもの視点」が重要であろう（図3）。3歳未満児の保育では、子どもの気持ちを受けとめるとともに、保育者が仲立ちとなって、友だちの気持ちや友だちとのかかわり方を丁寧に伝えることが必要である。3歳以上児との保育では、子どもが活動することを通して、やり遂げる喜びや自信をもつことができるような配慮が求められる。また、けんかなど葛藤を経験しながら次第に相手の気持ちを理解し、相互に必要な存在であることを実感できるような配慮も必要である。

○乳幼児期に獲得しておきたいこと

［子どもの発達の過程］
愛着行動
↓
子どもが対象に接近する
↓
受けとめられ、敏感な応答
↓
関係づくり
↓
基本的信頼感の獲得
↓
外にむかう自信

［保育実践の注意点］
言葉にならない思いを身体表現できるように援助する
↓
応答的な世話機能の向上
↓
やってあげる援助から「自律」へ
↓
子どもが自己調整できるように支援・援助する

↓

社会性・情緒の発達

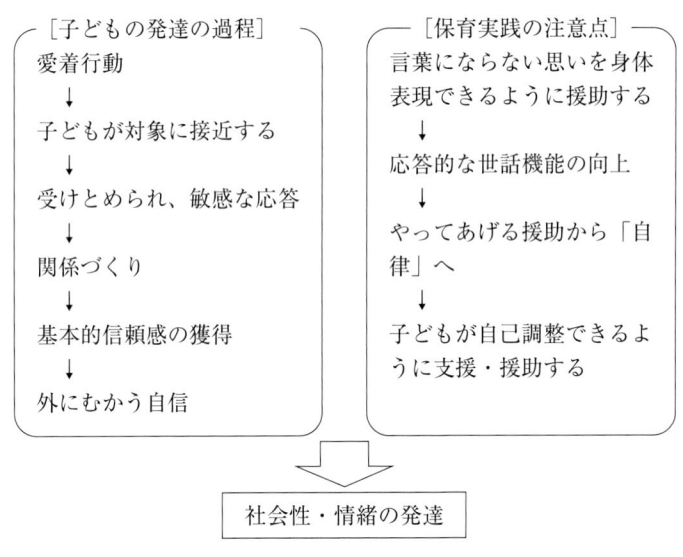

図3　社会性・情緒の発達の支援

キーワード

気持ちの表出、親子分離、集団場面での子どもの社会化、自己調整

ワーク⑤ 親子から仲間へ

事例⑤ 園での親子分離

朝の登園時には、親子（家庭）から集団（幼稚園・保育所）への移行があり、親子分離を体験する。この場面における保育実践について考えてみよう。

<子どもの様子・しぐさ・言動> 　　　　　　　　<母親の様子・しぐさ・言動>

- 母親と手をつないで、泣きながら登園する（分離するのがわかっている）。

　→ 子どもの手を引いて、保育室に向かう。

- 保育室の前で母親の手を離さず、泣いている。

　→ 子どもに見えないように、腰をかがめ、保育室から離れるような様子をみせる。

- 保育室を見て、母親の手を離すが、保育室に入ろうとせず、泣いたまま、母親を目で追う。

　→ 子どもを見て笑顔をみせるが、微笑みながら子どもから離れていく。

- 何分かして、保育室に入っていくが、保育の場面では1つの活動が終わるごとに「お母さんは？」と保育者に聞く。

●STEP 1

　幼稚園・保育所では親子分離の過程がうまくいく例、うまくいかない例があります。親子関係から集団場面への移行について多面的に考えてみましょう。

○：保護者の子どもへの思いを見る視点

1．泣いているわが子に対して、腰をかがめて子どもから母親が見えなくなるようなしぐさをしたのは、母親にどのような思いがあったのでしょうか。

2．母親が笑顔で見送ろうとしているのは、集団に参加することを子どもにどのようなものとして伝えたかったのか母親の心の声について考えてみましょう。

◯：子どもの気持ちに寄り添う視点

1．子どもが登園前から泣き続けていた理由を考えてみましょう。

2．母親の手を離さず泣いていた子どもが、手を離したのはなぜか理由を考えてみましょう。

3．親子分離後、幼稚園の活動がひと段落つくごとに、「お母さんは？」と保育者に尋ねたのはなぜか理由を考えてみましょう。

◯：保育実践として、この親子にどのような支援や援助をしたらよいか考えてみましょう。

●STEP 2

グループで話し合って、いろいろな考えを書き留めておきましょう。発達の時期や、幼稚園や保育所の時期によっても対応が異なることについても話し合ってみましょう。

●STEP 3

みんなの意見を聞いて、本章のテーマである「子どもの社会性と情緒の発達」について気づいたことをまとめてみましょう。

さらに、本章のガイダンスなどを読んで、子どもの社会性と情緒の発達を促すために、親子関係から仲間関係への移行期には、どのような支援・援助が必要になるか、保育実践について考えたことをまとめてみましょう。

●コラム①　「親となること」

　保育の勉強を始めてから、自分の子ども時代のことを思い返す機会が増えたのではないだろうか。どのような体験をしてきたのか、これまでの歩みを振り返ることは意義深いことである。

　では、あなたのお父さんやお母さんはどのような思いであなたを育ててきたのだろう。これまでの自分の歩みを、親の視点で振り返ってみると、新たな気づきを得られるかもしれない。「歩くのがほかの子より遅くて心配した」「とてもやんちゃで手を焼いた」など、心配したことや大変だったことを親から聞いている人も多いだろう。今では笑い話になっていることでも、きっとその当時は真剣に悩んだはずだ。子どもの発達には個人差が大きく、個性もさまざまであるとわかっていても、人と比べたり自分だけが悩んでいるような気持ちになるのが、親ごころというものなのである。

　発達心理学では、人は"子育てを通して親として成長する"と考えている。最初から完璧な親など存在せず、子どもを育てながら親になり、人間的に成長していくのである。今日の保育者には、親へのサポートも求められている。このとき、子どもを中心に考えると「親にもっとしっかりしてほしい」「ちゃんと子どもと向き合ってほしい」など、親に多くを期待してしまう。だが、そういうときこそ親も子どもと一緒に成長していることを思い出し、親の成長も温かく見守ってもらいたいと思う。

　もし可能であれば、あなたが生まれたときの母子手帳を見てみよう。妊娠中や出産時のこと、誕生後の健診や予防接種の記録など、多くの人に支えられて命が守られてきたことの証が母子手帳である。親がどのような思いであなたを迎えたのか、ということに思いを馳せ、そして、いつかあなたが親になるときのことを想像してみてほしい。

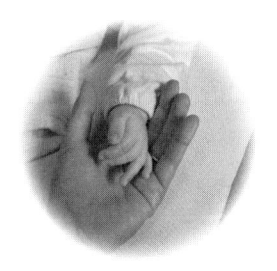

第2部　生活を通した学び

　私たちの考え方や行動は、日々の生活の積み重ねを通してパターン化されていることがあります。子どもの生活も同様で、毎日どのような環境で過ごすかによって、考え方や行動が変わることもあります。第2部では「学習」と「身辺自立」というテーマをもとに、みなさんが保育者として教育やしつけをどのように考えるのか、そして子どもの興味や意欲をどのように育てていきたいのかを考えていきましょう。

第2部　生活を通した学び

1. 知的発達

ガイダンス

1 ── 幼児の知的発達の特徴

　幼児期には、身の回りのさまざまな出来事の仕組みに興味・関心をもつようになり、時には自分で考えたり確かめてみたいという思いも育ってくる。そして、論理的・客観的に物事を推論したり判断できる段階へ到達する。このような、客観的に物事を判断する力、すなわち知的発達は、実生活のどのような場面で育まれているのか、そしてそれを援助する保育者の役割を考えてみよう。

　ピアジェ（Piaget, J.）[1]は、人は環境との相互作用によって発達が促されると考えた。そして、さまざまな実験課題を用いて幼児の知的発達を段階的に示した。その結果、幼児は他者の視点に立った客観的な判断をすることが難しいと考え、幼児の思考の特徴として「自己中心性」をあげた。純粋に自分を中心として物事をとらえる傾向があるというのだ。

　たとえば、同じ数のおはじきを2列に並べ、3歳から5歳の子どもにどちらが多いか尋ねる。同じであることを確認してから、片方の列のおはじきの間隔を広げ、見た目に長くなるように実験者が操作する。そして再びどちらが多いか尋ねる。すると多くの子どもは、間隔を開けたほうのおはじきが多いと答える。その理由を尋ねると「こっちのほうが長いから」なのだ。このように、見た目の変化に左右されやすいのが幼児の判断基準であると、ピアジェは考えたのである[2]。

　しかし、実際に子どもとかかわってみると、この考えに疑問を抱くことがある。日常生活や自分の損得にかかわる場面では正しく判断していることもあるからだ。このことから、知的発達は日々の経験を通して育っており、実験場面で正しい判断を導き出せるのは少し先であっても、その段階に到達する前にさまざまな発見を経験していると考えることができる。

　たとえば、日常生活で数を数える場面を見てみよう。欠席しているお友だちは何人か？帽子がいくつ入っているか？カードが何枚あるか？など、自発的に数を数える場面も少なくない。このような場面で、1つ、2つ、3つ…と1個ずつ正しく数えられるようになることを、「一対一対応」と呼ぶ。乳児期には、数を読み上げることが楽しくて、数えている数と実際の数が一致していないことも多いが、次第に正しく数えられるようになっていくことが多い。このよう

[1] ピアジェ
（Jean Piaget, 1896
－1980）
子どもの認知発達について実験課題を通して発達段階を示したスイスの心理学者。

[2] これを「保存課題」という。数の保存課題（下記参照）や量の保存課題がある。

数の保存

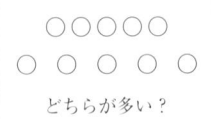

○○○○○
○○○○○
同じ

○ ○ ○ ○ ○
○　○　○　○　○
どちらが多い？

な一対一対応の概念が理解されると、たとえばカードを使ったゲームで正しい枚数を受け渡しできるようになったり、お店屋さんごっこで「5個ください」など頼まれた数を正しく数えて渡すことができるようになる。数が正しく数えられていなくても同様の遊びは成立するが、数や大小の理解が伴うことによって、遊びは複雑化していく。

2 ── 子どもの達成感を大切にする

　子どもたちの遊びは、日ごろの生活場面がそのまま遊びへつながっていることも多い。たとえば、おままごとで電話をかける場面では、家族が電話で話している様子をそのまま真似していることもある。スーパーで買い物をする場面は「お店やさんごっこ」になり、「いらっしゃいませ」「○○をください」「ありがとうございました」といったお店での決まった流れ（スクリプト*3）を再現している。手紙を書いたり受け取っている様子は「お手紙ごっこ」になり、手紙を出したらお返事が来る、お返事が来たらそれに対するお返事を書く、といった流れを遊びのなかで再現して楽しむ。このような、生活場面に即した遊びは、大人と同じようにやってみたいという思いを満たし、また、そのなかで自然と数や文字に触れる経験も得られている。ここで保育者が一工夫を加えて遊びを発展させ、数や文字に触れる楽しさを子どもに伝えることができたら、子どもの興味・関心はますます深まってゆくだろう。その際に、正しいことを伝えることにとらわれず、子どもらしい間違いにもおおらかに応じることが大切である。数や文字というと、「教える」という意識になってしまいがちだが、子どもが自分で数えられた、読めた、書けた！という達成感を大切にしたいものである。

　このように、遊びを通して数や文字に触れる体験を通して、ピアジェの課題のようなおはじきの列の長さが違う場面でも、同じ数であるという正しい判断を導き出せるようになるのである。知的発達は教えられて育つというよりも、日々の環境のなかに子どもが好奇心をもつヒントが散りばめられていて、子ども自身の体験を通して育つこと、その機会を保育者が演出しているのが望ましいのではないだろうか。

*3　スクリプト
本来は「台本」という意味で、前もって一括された因果関係の系列をさす。

> **キーワード**
> 自己中心性，数や大小の理解，遊び，達成感，保育者のかかわり

ワーク⑥ お店やさんごっこを展開してみよう

事例6　お店やさんごっこ

　たんぽぽ組では最近、お店やさんごっこが流行っています。子どもたちが遊んでいる様子を見てみると、ケーキ屋さんごっこをしている子どもたちが次のような会話をしていました。

お店やさん「いらっしゃいませ」
お客さん①「ケーキを2つください」
お店やさん「かしこまりました」（ケーキを1つ、2つ、と数えながら箱に入れる）
　　　　　　「はい、どうぞ」（ケーキを渡す）
お客さん①「おいくらですか？」
お店やさん「ぜんぶで500えんになります」
お客さん①「はい、500えん」（お金を渡す）
お店やさん「はい、おつりです」（おつりを渡す）
お店やさん「どうもありがとうございました」

　子どもたちのやりとりを見ていると、注文をとってお金と引き換えに商品を渡す、という流れを楽しみ、「おつり」が発生することが多いようです。ここでは、数や計算が正確であることは求められません。日常生活で目にする買い物の風景を、遊びを通して再現しているのでしょう。店員のセリフや仕草などを、よく観察していて上手に真似しているのもまた微笑ましい1コマです。

　また、次のような会話も見られました。
お店やさん「いらっしゃいませ」
お客さん②「お誕生日ケーキをください」
お店やさん「ろうそくは何本にしますか？」
お客さん②「5本です」
お店やさん「はい。5本ですね」（木の枝を5本数える）

　このように、子ども同士の遊び場面では、数が登場することが度々あります。均等に分ける、ということをめぐっていざこざに発展することもあります。保育者が遊びのなかに数や量の概念を取り入れ、子どもの興味を引き出すことで、生活に根づいた概念が自然に育ってゆくことが期待できます。

●STEP 1

このやりとりを通して、子どもたちは数の大小やお金の概念に触れていることがわかります。お店やさんごっこを題材にして子どもたちの興味をさらに広げるために保育者ができる工夫や、発展的な保育の計画を立ててみましょう。

○：物的環境について（お店やさんごっこで用意するとよいものを考えてみましょう）。

○：人的環境について（予想される子どもの反応や、それに対する保育者のかかわりや工夫を考えてみましょう）。

○：お店やさんごっこのほかに、数の概念に触れられる遊びや活動を考えてみましょう。

●STEP 2

みんなの意見を聞いて、新たに感じたこと、気づいたことをまとめましょう。

○：物的環境について

○：人的環境について

○：数の概念に触れられる遊びや活動について

●STEP 3

　子どもの興味を引き出し、達成感を大切にするために、保育者はどのようなことを心がけたらよいと思いますか。ディスカッションを通して考えたことをもとにまとめましょう。

○：自分の意見を書きましょう。

○：みんなの意見をまとめてみましょう。

第2部 生活を通した学び

2. 学習理論

ガイダンス

1 ── 生活のなかにあるさまざまな学習

　私たちの生活は、さまざまな「学習」から成り立っている。学習とは、ある経験を通して行動パターンや思考パターンが身につくことである。その過程で練習が必要なものもあれば、1回の経験で学習が成立するものもある。たとえば、入園したばかりの子どもは片づけのときに、何をどこにしまうのかわからないが、毎日通ううちに片づけの流れを学習する。あるいは、一度食べて美味しかった給食の献立は、一度で美味しさを学習し、その献立が好きになる。

　このように、一度学習が成立した事柄は比較的長期にわたる行動パターンとして身につくことが多く、その過程に保育者の意図が働いていることもある。では、具体的にどんな学習の方法があるのか、保育実践と照らし合わせてみていこう。

　たとえば、良い体験につながった行動が増え、悪い体験につながった行動が減る、という学習がある。これを「オペラント条件づけ（道具的条件づけ）[*1]」と呼ぶ。子どもの生活場面で考えると、良い体験につながるのは、ほめてもらったり評価してもらうことや、ご褒美をもらうことである。悪い体験につながるのは、怒られたり注意されること、罰を受けることである。親や保育者が子どもを注意する背景には、その行動をやめさせたいという思いが働いていることが多い。「片づけないと、おやつ抜きよ」という働きかけは、「おやつがもらえない」という罰にあたる状況を子どもが避けたい気持ちから片づけをする＝大人にとって望ましい行動につながるという働きかけである。しかし、オペラント条件づけをもとに考えると、周りの大人が罰を用いて働きかけるばかりでは、「罰を受けたくないから」「怒られたくないから」片づけをするという行動パターンが身につくことになる。それよりも、できていることをほめて評価したいものである。「片づけないと、おやつ抜きよ」よりも「片づけたら、おやつ食べようね」という声かけに変えるだけで、だいぶ印象が変わるのではないだろうか。また、自分から進んで片づけをしたときに「上手に片づけられたね」「えらいね」と親や保育者が喜んでくれたら、遊んだあとに片づけをするのは良いことだから、もっと片づけようと思えるのではないだろうか。同じ行動でも、周りの言葉がけや反応によって良い体験にも悪い体験にもつながるので、できるだけ子どもにとって良い体験につながる声かけやかかわりを心がけたい。

*1
スキナー（Skinner, B.F.）による、ネズミを用いた実験で、レバーを押すと何らかの反応（餌がもらえる、電流が流れる）が得られるという流れを「強化」と呼んだ。餌がもらえるのは、自分にとって良い体験につながるので「正の強化」となり、反対に電流が流れるのは嫌な体験につながるので「負の強化」となる。すると、同じ行動であっても、それが良い体験につながれば増え、嫌な体験につながれば避けようとする。これが、オペラント条件づけによって起こる行動パターンの変化である。

2 ── 保育者の言動は子どもたちのモデル

　保育現場において、子どもは保育者の言動やほかの子どもの様子など、さまざまな場面を目にしている。目にしたことが心のなかでイメージとして保持されるようになると、時間や場所が異なる場面で真似をするようになる。これを「延滞模倣」と呼ぶ。子どもは望ましいことを模倣するとは限らず、ときには望ましくない言葉や行動を模倣することもある。この、模倣によって成立する学習を「観察学習[*2]」と呼ぶ。

　たとえば、ほかの子が注意を受けたりほめられている場面を見ることで、行動パターンを学習することがある。保育者が頻繁に注意をしている子どもが、やがてほかの子からも注意を受けるようになることがある。これは、保育者がその子を注意している様子を周りの子どもたちが見ていて、保育者の行動を取り入れ、模倣することによって生じる。先の片づけの例で考えると、本人ではなくほかの子どもが片づけをしてほめられる場面を見る経験を通して、自分も片づけようという気持ちになり、「遊んだあとには片づけをする」という行動パターンが成立すると考えることができる。

　では、子どもに嫌いなものも食べてほしいと考えたときにはどうすればよいのだろうか。がんばって食べている子に「苦手なものもがんばって食べてえらいね」と励ますことで、それを見ているほかの子が「自分も食べてみよう」と思い、結果として嫌いなものを食べる促しになっていることがある。保育者の日々の言動は、子どもたちのモデルとなっているのだ。このことから、保育者は、子どもにとって良い体験につながる促しを心がけたい。

　子どもにとって日常生活のさまざまな出来事に興味をもち、新しい発見をすることは、とてもワクワクする体験である。幼児が新しい発見をするための手がかりや環境を保育者が整えることで、学びが支えられる。一人ひとりが関心をもつことや得意なことの違いに配慮し、現在の発達水準に見合った内容であることが望ましい。日ごろの保育者の投げかけや働きかけによって何をどのように学習しているのか、という見通しは、保育の振り返りにおいても重要な意味をもつ。「○○しないと××できない」と、否定的な言葉を多く使っていないだろうか。自分自身が何気なくとっている言動を子どもが真似しているのに、気づかずに子どもを注意していないだろうか。幼児の自発的な発見、学びを支える環境には、保育者自身の思いがさまざまなところで映し出されている。子どもの言動を通して日ごろの自分の言動を振り返る時間がとても大切である。

*2
観察学習の実験例としてあげられるのが、バンデューラ（Bandura, A.）によるものである。3歳から5歳の子どもたちが、暴力場面のビデオを見たときに、暴力をふるってほめられる内容のビデオを見たグループのほうが、直後の遊びが暴力的になる傾向が見られた。このことから、観察するだけで学習が成立することがわかった。暴力的なテレビやゲームが子どもへ与える影響については、注意を要する。

　その他の学習理論としては、自分で「こうしたい」という目標が明確である場合に、その目標を達成する過程で起こるさまざまな試み、つまり試行錯誤を通して成立する「問題解決学習」や、じっくり考えることで、失敗や試行錯誤を繰り返さなくても成立する「洞察学習」などがある。

キーワード
学習、強化、観察、模倣、保育者の促し

ワーク⑦ 動機づけを高めるために

事例⑦ ぼく知ってる！

　ひばり組のTくんは、朝の会や、先生がみんなに説明をする場面で、「ぼく知ってる！」など、周りの子どもが発言する前に大声で主張することがたびたびあります。担任の先生は、ほかの子どもたちも平等に発言できるようにしたいと考え、Tくんに「ほかのお友だちの意見も聞いてみようよ」など促し、Tくんの発言を制してしまうことが続いていました。

　そんなある日、いつものように「ぼく知ってる！」とTくんが張り切って発言したときのことです。Yちゃんが「ほかのお友だちの意見も聞くんだよ。いつも先生がそう言ってるでしょ」とTくんに言いました。それを聞いた先生は、自分が無意識のうちに発している言葉や態度が、子どもたちにそのまま伝わってしまっていることに気づきました。周りの子どもが発言できるように考えていたのですが、実は周りの子どもは、先生の様子をみて、Tくんの発言を制することを学習してしまっていたのです。

　そこで先生は、Tくんが「ぼく知ってる！」と発言したときに、Tくんの発言を受けとめ、制作などで「先生できたよ！」と声をかけてきたときにも「上手にできたね！がんばったね」と声をかけるようになりました。すると、Tくんが大声で主張することは減っていき、周りの子どもたちが発言できる機会も増えていきました。Tくんが先生に認めてもらいたい、ほめてほしいという気持ちが十分に満たされたので、大声で主張しなくても安心して過ごすことができ、また、周りの子どもの意見にも耳を傾けられるようになったのです。

　また、Tくんは好き嫌いが少なく、給食などもほとんど残さず食べられるので、「Tくんは今日もぜんぶ食べてえらいね」と声をかけたところ、隣に座っているSくんが、苦手なブロッコリーをがんばって食べようとする姿がみられました。その姿を見た先生はうれしくなり、「Sくんもせんぶ食べてえらいね」とたくさんほめました。もし先生が「ブロッコリーを食べてもらいたい」という思いでSくんと向き合っていたら、Sくんに「残さず食べること」を求め、Sくんは「先生に怒られたくないから、ブロッコリーを食べる」という行動パターンが身についていたかもしれません。それよりも、「先生がほめてくれるから、がんばって食べてみよう」という体験のほうが、はるかに楽しいはずです。

　子どもは周りの様子をよく見ているので、保育者の子どもへのかかわりを通して、多くのことを感じ取って、自分の行動につなげているのです。

第2部−2●学習理論［事例・ワーク］

●STEP 1

この事例を通して、子どもたちは周りの様子をよく観察していること、そして同じ行動パターンを身につける場合にも、楽しい、うれしいといったプラスの感情とつながっているほうが動機づけが高まることが考えられます。子どもたちの動機づけや興味・関心を高めるための工夫を考えてみましょう。

○：次の言葉かけを、否定的な言葉を使わない表現に書きかえてみましょう（例：「ブロッコリーを食べないと大きくなれないよ」→「ブロッコリーを食べたらもっと大きくなれるよ」など）。

・「片づけをしないとプールに入れないよ」→

・「着替えが終わらないとご本を読んじゃダメだよ」→

・そのほか、保育のなかで使うことが考えられる「○○しないと××できない」という表現を同じように書きかえてみましょう。

○：子どもが大人の様子をよく観察していると感じたエピソードをあげてみましょう。

● STEP 2

みんなの意見を聞いて、新たに感じたことや、気づいたことをまとめましょう。

○：言葉かけについて、参考になった表現を書きとめておきましょう。

○：子どもにとってほめられたり認められたりする体験はどのような影響があると思いますか。

【自分の意見】

【みんなの意見】

●STEP 3

　保育者は子どものモデルとしてその言動がさまざまな影響を与えるということを踏まえて、子どもに真似してほしいと思う自分の良いところを考えてみましょう。そしてグループで発表しあい、メンバー一人ひとりの良いところを共有しましょう。

○：自分の良いところを書き出してみましょう。

○：話しあいを通して感じたことや、メンバーの良いところを聞いて、自分も真似したいこと、取り入れたいと思ったことなどをまとめましょう。

第2部 生活を通した学び

3. 身辺自立と自己決定

ガイダンス

1 ── 身辺自立をどのようにとらえるか

　身辺自立は清潔（手洗い、うがい、歯磨き等）、衣服の着脱、排泄、安全、物の管理などができるようになることをさすが、しつけや教育によって「すべてのことを自分でできるようにする」というようなことではない。なぜなら、子どもの発達には個人差があり、自分のことを自分でやりたくてもできない状況もある。身辺自立は、自分のできることを自らやろうとする意欲を育てることが重要であると考える。そのためには子どもが主体的な生活をするなかで、自己決定を繰り返し、自らできるようになることへの自信と喜びを感じながら成長していくプロセスを大切にしたい。さらには、身辺自立への大人の対応が、子どもの人格形成にも影響を及ぼしているということもあわせて考えたい。

　保育のなかでは身辺自立という言葉ではなく、食事・排泄・衣類の着脱などをとらえて、「基本的な生活習慣の自立」として扱っているが、3歳前後を1つの成長の目安としてとらえて指導をすることがよくある。しかし、この時期は第一次反抗期と重なり、「じぶんで」という言動が非常に多くなるため、必然的に子どもと対峙するシーンが繰り返されることになる。それは急に反抗的になるのではなく、それまでの養育者や保育者等のかかわり方も当然影響をしている。それだけに、身辺自立への対応は人格形成への貴重な体験の積み重ねだと考え、子どもが納得するようなていねいな対応が求められる。

　さらに、身辺自立は家庭での対応も非常に影響が大きいことは知られているが、以前に比べ離乳やオムツがとれる時期が遅くなっている状況もある。子どもの育ちに合わせてゆっくりでもいいという情報がある一方、年長になっても夜寝るときにオムツをしている子がかなりいる。これはゆとりというより、核家族で子育て文化の継承が難しくなっているなかで、かかわり方がわからない養育者が多いと言った方がいいかもしれない。

　その点、保育所のようなところは、集団で生活することが多いので、トイレに行くことや、手洗い、うがい、食事など一斉的な指導をする傾向があるが、友だちの行動を見て、真似をして成長する部分も多い。しかし、最近は家庭の補完をしながら、個々の子どもの思いを汲み取り、より柔軟な保育を目指しているところも増えつつある。この対応の違いは保育者自身の資質もあるが、園

の理念として子どもの権利[*1]に対する理解や配慮の違いも大きいと感じる。このことを大切に思っている保育者は、子どもが自分でできたという思いを大切にするため、衣服の着脱や、靴をはいたりするときでも、子どもが自らできたという思いをもてるような支援を工夫している。逆に、この部分をできるだけ早く自立させようとし、無理なしつけをすると、できる、できないという物差しで、子どもへ接するため、競争的になったり、自発性がそぎ落とされたりすることにもつながる。そればかりか、子どものなかに大人の期待に応えようとする意識を育てることになり、本当の身辺自立とはかけ離れてしまう。

*1　1989年に国連総会で採択された『子どもの権利条約』を参照のこと。この条約は「生きる権利」「守られる権利」「育つ権利」「参加する権利」の4つの柱からなる。

2 ── 子どもが自ら育とうとする力を信じる

　ここで、エリクソン（Erikson, E. H.）のライフサイクル論を参考に、子どもが主体的な生活をするなかで乳幼児期から必要とされる課題の達成を身辺自立と重ねて考えてみたい。

　エリクソンは乳幼児期に育てなくてはならないこととして、はじめに人への信頼感と安心感をあげている。子どもとの愛着関係を形成するための生活が重要なのである。そのためには子どもの思いを理解し受容することが基本となり、排泄の失敗や食べこぼしなど、ただ叱責するだけでは、決していい関係は生まれてこない。それより子どもの育つ力を信じて、子どもが自ら気づくようなかかわり方を意識していくことが重要である。失敗や成功を通して、大好きな人が温かいまなざしを向けてくれることによって、自分の衝動や感情を自制する自律性の育ちにもつながる。そして、子どもはほめられ認められるといった体験から、自信と達成感を伴った身辺自立の獲得が可能になる。

　さらに、こうした体験は子どもの自尊感情や自己肯定感を育み、自分のことが信じられるようになると、他者からの働きかけに対しても素直に伝わりやすくなる。そうなると、身辺自立も大人との気持ちのよいコミュニケーションをとりながら身につけることができる。こうした育ちが、やがてその後の興味・関心・好奇心・探究心・意欲といった自発性への育ちにもつながっていくとしたら、最初に言ったように、身辺自立への対応は人格形成にも大きな影響を及ぼすことになる。そう考えると、身辺自立はしつけによって一方的に獲得させるものではない。ときには感情的な対立を伴ったり、できたことをやらなくなったりすることもある。しかし、子どもたちの自ら育とうとする力を信じ、それを引き出す配慮やかかわりが重要となる。

> キーワード
> 身辺自立、主体的、自発性、ライフサイクル

ワーク⑧ 子育てはいまどうなっているのだろう

事例⑧　Rくんのトイレトレーニング

　子どもたちの身辺自立については、あせらずその子のペースに合わせて行うよう保健所等で指導している関係もあり、保護者も以前より、その子の成長に合わせて、ゆっくりした対応をするようになってきた。それに合わせるかのように、新入園の子どもたちは、離乳食が進んでいなかったり、排泄等の身辺自立についてもだんだん遅くなっている。そのことが子どもに合わせた支援ならいいが、実は、どのように接したらいいのかわからない保護者も相当数いると考えた方が正しいかもしれない。

　そんななか、ある3歳児の男の子Rくんが幼稚園に入園する前の個人面談で、排泄の自立を家庭でしっかりしつけておくように言われた。しかし、Rくんには発達の遅れが少しあり、保護者も気づいていたので、無理なしつけはやってこなかった。

　しかし、保護者は園から言われた通り、翌日からさっそくトイレトレーニングを始めた。ところが、なかなかうまくいかず、結果としてRくんを叱って、強制的にトイレに連れて行き、長時間座らせるという対応をした。そのため、とうとうRくんはトイレを見ただけで泣くようになった。

●STEP 1

　このような子育て環境の変化について、まずは現状把握をグループで行い、次に全体で共有しながら、今の子育て環境がどうなっているのかを考えてみてください。

○：子育て環境の変化についてグループの話し合いで出たこと。

○：子育て環境の変化について全体の意見。

●STEP 2

　保護者に対する支援はどのようなものが考えられるでしょうか。話し合ってみてください。

○：自分の意見を書いてみよう。

○：みんなの意見をまとめてみよう。

●STEP 3

　子どもが自らの意思で主体的に身辺自立に取り組むには、どのような支援が必要でしょうか。自分が保護者の立場になって、子どもへの対応を具体的に考えてみてください。

○：自分の意見を書いてみよう。

○：みんなの意見をまとめてみよう。

●コラム② 「食育から学ぶもの」

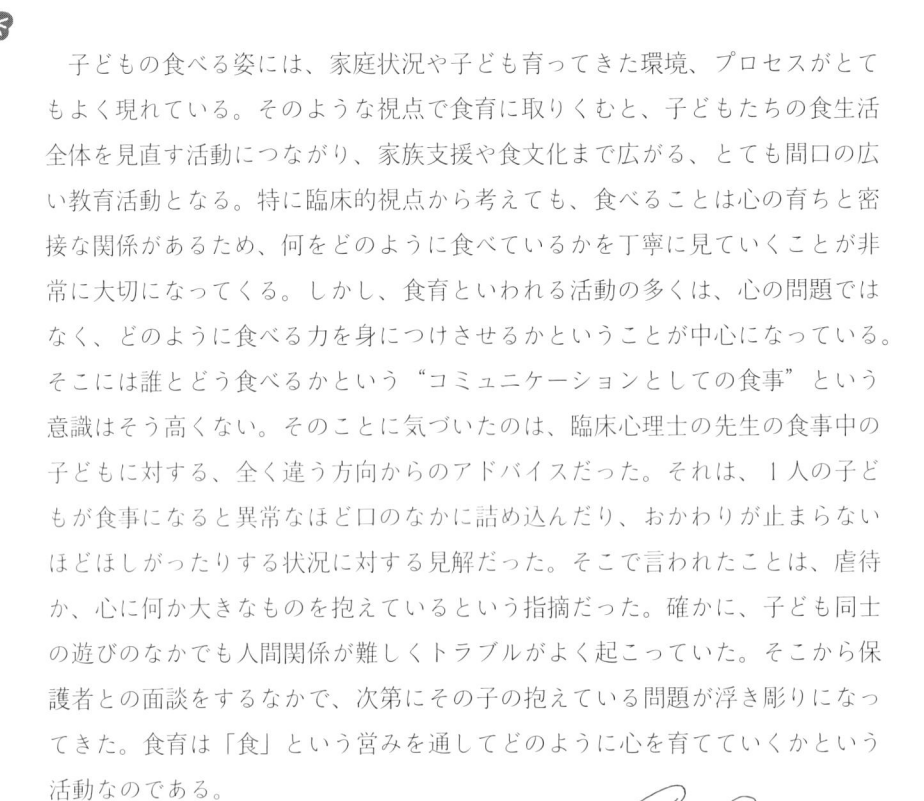

　子どもの食べる姿には、家庭状況や子ども育ってきた環境、プロセスがとてもよく現れている。そのような視点で食育に取りくむと、子どもたちの食生活全体を見直す活動につながり、家族支援や食文化まで広がる、とても間口の広い教育活動となる。特に臨床的視点から考えても、食べることは心の育ちと密接な関係があるため、何をどのように食べているかを丁寧に見ていくことが非常に大切になってくる。しかし、食育といわれる活動の多くは、心の問題ではなく、どのように食べる力を身につけさせるかということが中心になっている。そこには誰とどう食べるかという"コミュニケーションとしての食事"という意識はそう高くない。そのことに気づいたのは、臨床心理士の先生の食事中の子どもに対する、全く違う方向からのアドバイスだった。それは、1人の子どもが食事になると異常なほど口のなかに詰め込んだり、おかわりが止まらないほどほしがったりする状況に対する見解だった。そこで言われたことは、虐待か、心に何か大きなものを抱えているという指摘だった。確かに、子ども同士の遊びのなかでも人間関係が難しくトラブルがよく起こっていた。そこから保護者との面談をするなかで、次第にその子の抱えている問題が浮き彫りになってきた。食育は「食」という営みを通してどのように心を育てていくかという活動なのである。

第3部　　保育における発達援助

　保育現場では、さまざまな個性をもった子どもと出会います。なかには難しさを感じるケースもあると思いますが、的確な理解と適切な支援を受けることで、その個性が輝いてくることもまた事実です。第3部では、子どもの個人差の理解や周囲との連携、それらの基本にあるカウンセリングマインドについて知り、保育者として子どもや家庭をどのように支援できるのか考えていきましょう。

第3部 保育における発達援助

1. 子どもの個人差に配慮した保育

ガイダンス

1 ── 個人差と発達の遅れ

　発達とは、遺伝的要因による成熟と環境的要因による学習との相互作用である。人間の発達には豊かな可能性が秘められているが、心身の機能やさまざまな能力において、発達のプロセスには個人差がみられる。

　とりわけ乳幼児期は個人差が大きい時期である。日常でも、「AはBより足が速い」「BはAより温和だ」など話題にされることがあるように、個人差は性格や考え方、身長・体格・顔つき等の身体的なものや言語能力、運動能力のほか、基本的な生活習慣の自立や発達の早さにも認められる。また、たとえ個人差がみられたとしても、それは発達や能力の優劣を意味するものではない。

　発達段階や年齢区分などの基準と照らし合わせて、発達のある時期に遅れがみられた場合も、すぐさま異常と判断されるわけではない。最終的な発達状況が正常の範囲内に含まれる場合は、その時期だけの一時的な個人差とみなされ、問題とはいえない。そのため、発達障害の子どものなかでも、発達のプロセスの結果、ようやく診断が確定される場合がある。個人差なのか、それとも発達の遅れなのかという判断をする場合は、知能検査[*1]や発達検査、心理検査、医学的診断などを総合して、子どもの全体像を正確にとらえることが重要である。

2 ── 個人差と環境

　2008（平成20）年に改訂された厚生労働省の『保育所保育指針解説書』では、第2章1節（4）項において、「乳幼児期は、生理的、身体的な諸条件や生育環境の違いにより、一人一人の心身の発達の個人差が大きい」こと、また身体の特性や発達の足取りにも個人差がみられ、それは環境との相互作用や子ども自身の気質などと複合的に生み出されるものであると述べられている。

　個人差を形成する要因の1つとして、知能があげられる。知能は測定可能なものであり、ビネー式やウェクスラー式の知能検査によって査定される。例として、ビネー式知能検査で得られる精神年齢（MA, Mental Age）は、現在および将来にわたる個人差を予測するものとしてとらえられるという前提に基づいている。しかし現在では、知能も人と環境との相互作用のなかでとらえてい

*1　知能検査
知能の水準や知能的発達の程度を測定するために用いられる。
検査結果から知能指数（IQ）、発達のバランス（得意なこと，苦手なこと）、発達段階等の情報を得ることができる。

こうとする立場が広く支持されている。つまり、発達障害の基盤をもつ子どもの場合も、環境側の適切なサポートや療育・教育を受けることができれば、個人差の範囲におさまらない問題をもちながらも、子どもの特性に沿った発達の支援が可能であるということを意味している。

3 ── 個人差に配慮した保育のあり方

　保育を行ううえで、個人差に配慮するということはどのようなことなのか。保育者は大きく分けて、次の2つの立場のいずれかに傾きがちである。1つは、ある一定の基準をもとに、周りと比較して個人差を問題視し、足りないところを伸ばそう、良くないところを治そうと強く思う場合である。もう1つは、子どもや保護者を傷つけないよう、園で問題となっていることや周りとのトラブルの原因を単に個人差ととらえることで、発達上の問題を見過ごしてしまう場合である。このいずれも、子どもの抱える現実を受けとめた、適切なかかわりとはいえない。個人差なのか、発達の遅れなのか、という判断を含めて、子どもの発達のプロセスを考慮に入れたかかわりを考えることが大切である。
　個人差に配慮した保育の例を次にあげる。

① 個別性の尊重──絶対評価を行う
　子どもごとに個別の目標を設定し、子どもの努力やがんばりを認めて、以前と比べてどのくらい伸びたのか、という到達度を評価する。その場合、目標設定も個別に行う。苦手意識をもたせないよう目標を定め、できないところは援助するという姿勢をもつ。
＜例＞　ボールをキャッチするのが苦手な子：最初は子どもがキャッチしやすい、大きめで柔らかいボールを使用して練習する。キャッチできたらほめて、自信をつけさせる。キャッチできるようになったら、子ども同士で練習させる。

② 子ども同士が相互に尊重しあい、ともに育つ機会を作る
　子どものなかには相手のできないところなどを指摘し、けなす子どももいる。そうした声はできない子どもの自信を失わせ、さらに苦手意識を増長することになる。普段からできたところをほめるということを保育者が行うことで、子ども同士がお互いを認め合い、ともに育つ雰囲気を作ることができる。
＜例＞　ほめあうためのルール作り：製作活動において、仕上げた絵などを子ども同士で鑑賞して、互いに評価する機会を作る。その際、「良いところを1つ見つけてほめよう」「悪いところは言わないこと」などのルールを作り、クラス全体で「他人をけなさずに、ほめること」ができる習慣をつける。お互いを認め合うことで、個人差を寛容に受けとめることができるようになる。

キーワード
個人差、発達障害、個別性

ワーク⑨ 個人差と発達上の問題の違い

事例⑨　不器用なNちゃん

　Nちゃん（4才）は今年からチューリップ組に入園しました。園の一日の流れになじめない様子で、何事にも取り組むのにも時間がかかります。洋服のボタンをとめたり、ひもを結んだりなど、特に手先を使う細かな作業が苦手で時間がかかってしまうことが多く、担任の手を借りないとできないときもあります。

　ハサミを使うことも苦手なようで、製作のときには思い通りにならずに、途中であきらめてしまうこともあります。Nちゃん自身も苦手意識があるのか、製作の時間はあまり好きではないようです。担任は、発達に個人差が見られる時期であり、Nちゃんに多少の遅れは見られるものの、そのうち時間がたてば周りに追いついていけるのだろう、と考えていました。

　Nちゃんは読み聞かせのとき、最初はイスにまっすぐ座っているのですが、そのうちずり落ちたり、体を斜めにして聞いていることがあります。担任は、Nちゃんがあまり絵本に興味がなく、集中できずにだらけてしまうのだろう、と思っていました。しかし様子を見ていると、絵本の読み聞かせをとても楽しみにしているようで、きちんとイスに座り続けられないのは、姿勢を整えることが難しいためではないか、と思うようになりました。

　担任は、園での問題は、Nちゃんが一人っ子であり、苦手なところを母親がすべて先回りをして手を出してしまうため、経験不足なのだろうと思っています。園の生活のなかで、いろいろな経験を積むことで、Nちゃんもそのうち苦手なところを克服していき、発達の遅れも気にならなくなるのだろうと考えています。

第3部−1●子どもの個人差に配慮した保育［事例・ワーク］

●STEP 1

　このやりとりを通して、発達上の問題を抱える子どもへの対応について考えます。子どもへの支援を中心に、保育者ができる工夫や、親に対してどのようなサポートが考えられるでしょうか。

○：Nちゃんの運動面の問題は、個人差ととらえてよいのでしょうか。

○：「集団」のなかで「個」とかかわるときに気をつけなければいけないことはどのようなことでしょうか。

○：子どもの発達の遅れを障害ととらえることの利点と問題点について考えてみましょう。

○：支援の長期的な計画について考えてみましょう（1年〜2年という長い単位を見据えた場合、どのようなかかわりがのぞましいでしょうか。）

○まとめ

●STEP 2

みんなの意見を聞いて、次のプロセスに沿ってまとめましょう。

①:「個人差」と「障害」のとらえ方について、グループで意見を出し合いましょう。

1. この事例をどう考えましたか。

2. 担任のかかわり方について、どう思いましたか。

3. 今後、担任はNちゃんにどうかかわるのが望しいと思いますか。

②:グループで出た意見とあなた自身の意見と同じところ、違うところはどのような点でしたか。

●STEP 3

みんなの意見を聞いて感じたこと、改めて気づいたこと、振り返ったことをまとめましょう。

①：STEP 2 におけるグループとあなたの意見の違いについて、どう考えましたか。

②：障害をもつ子どもに対して、かかわるときの難しさはどのようなことがあるのでしょうか。子どもの発達の可能性を含む長期的な視点から考えてみてください。

1．子どもに対して

2．保護者に対して

3．保育者自身にとって

4．クラス全体に対して

2. 就学に向けた支援〈就学相談・教育相談〉

ガイダンス

1 ── 小学校への移行期

　5歳の子どもは、次の4月になれば自分は小学校に行くことを漠然とイメージすることができるようになる。そのようななかで、子どもは、ランドセルを背負ったお兄さんやお姉さんになりたいという期待と同時に、小学校ってどんなところだろう、ちゃんと勉強できるかなと不安も感じている[1]。一方、保護者にとっても、子どもが小学校生活に適応できるかどうかと心配に思うことは珍しくない。すなわち、この時期は、保護者も子どもも、心理的に動揺しやすいといえる。保育者は、このような不安と期待が入り混じった気持ちを受けとめる必要がある。

　エコロジカルな視点[*1]から見ると、幼稚園・保育所から小学校への移行期は、子どもと保護者にとって、これまで馴染み安定したシステムから、小学校という新たなシステムに適応を迫られる不安定な時期ともいえる。子どもたちは、システムの移行期に、さまざまな変化に直面する。たとえば、幼稚園・保育所では、一般的には保護者が付き添って登園するが、小学校では子どもたちだけで登校することや、一日の生活が時間割にしたがって進むといったことがあげられる。そのため、幼稚園・保育所と小学校という2つのシステムのあいだが途切れることのないよう、子どもの生活や情報交換を行うことが重視される。すなわち、子どもと保護者が学校生活へ滑らかに移行することができるよう、子どもの発達の連続性を確保して保育者が援助することが求められているのである。

＊1　エコロジカルな視点
子どもを取り巻く環境が、複数の社会システムによって入れ子状に構成されているととらえる考え方。

2 ── 就学に向けた支援とは

　就学に向けた支援は、大きく2つに分けられる。1つは、すべての子どもを対象とした支援である。もう1つは特別な支援を必要とする子どもを対象とした支援である。

① 幼稚園・保育所と小学校との連携

　すべての子どもを対象とした支援の代表的なものとして、子どもの心身の状態を把握するための就学時の健康診断がある。また、幼稚園・保育所と小学校

との連携があげられる。2008（平成20）年に改定された『保育所保育指針』では、以下のように、小学校との連携が盛り込まれている。

> 第4章　保育の計画及び評価
>   エ　小学校との連携
>   （ア）子どもの生活や発達の連続性を踏まえ、保育の内容の工夫を図るとともに、就学に向けて、保育所の子どもと小学校の児童との交流、職員同士の交流、情報共有や相互理解など小学校との積極的な連携を図るよう配慮すること。
>   （イ）子どもに関する情報共有に関して、保育所に入所している子どもの就学に際し、市町村の支援の下に、子どもの育ちを支えるための資料が保育所から小学校へ送付されるようにすること。

『幼稚園教育要領』においても、幼稚園教育が小学校生活の基盤となることを配慮するよう、明記されている。

> 第3章　指導計画及び教育課程に係る教育時間の終了後等に行う教育活動などの留意事項
>   （5）幼稚園教育と小学校教育との円滑な接続のため，幼児と児童の交流の機会を設けたり，小学校の教師との意見交換や合同の研究の機会を設けたりするなど，連携を図るようにすること。

実際、5歳児が小学校を訪問したり、小学校教諭が保育を見学したりするなど、子どもの入学前にお互いのことを知る機会をもつようになってきている[2]。

このように、幼稚園・保育所と小学校との連携が推し進められるなかで、すべての子どもについて、幼稚園幼児指導要録あるいは保育所児童保育要録（以下、併せて要録と呼ぶ）を作成することとなっている。保育者は、要録に「健康」「人間関係」「環境」「言葉」「表現」といった5領域を中心に子どもの育ちを記述し、小学校へ申し送りを行っている。

特に要録は、小学校の教諭が就学前の子どもの様子を把握し、発達的観点から子どもの理解を深めることに役に立つ。たとえば、「学校に行きたくない」と言って休むようになった子どもがいたとしよう。このようなとき、要録に「年度が変わると不安が高まり、3か月ほど登園しぶりがあった」と記述があれば、担任はこの子どもは新しい環境になじむのに時間がかるととらえ、不安を和らげるような対応を考えることができる。

② 特別な支援を必要とする子どもへの支援

2007（平成19）年に、学校教育制度が「特殊教育」から「特別支援教育」へ

移行したことで、障害のある子どもの教育的ニーズを把握することや、通常学級に所属しながら特別な教育的支援が必要と考えられる子どもも支援すること、さらに子どもの就学先では保護者の意見を聞くことが求められるようになった。このことによって、教育現場が子どもにかかわるさまざまな職種に開かれ、子どもと保護者への支援を柔軟に行えるようになってきた[3]。

近年、義務教育において特別支援を対象とする子どもたちは約27万人に上り、全体の2.54％と約20年前と比較して約２倍となっていることから、就学前に向けた支援の重要性が増しているといえる[4]。

3 ── 就学相談と教育相談の流れ

① 就学相談の進め方

特別支援教育という制度のなかで、就学相談はどのように進められるのだろうか（図１）。まず、保護者が市町村の教育委員会に就学相談を申し込み、それを受けて、医学、教育、心理学、福祉などの専門委員が中心となり、就学相談委員会が設けられる。そして、子どもにとってどのような就学先が望ましいのかを、保護者の思いを踏まえながら検討していく。一般的には、保護者との面談、幼稚園・保育所での子どもの行動観察、医師の診察、心理検査が行われる。保護者に子どもの様子が伝えられ、就学先が通常学級、特別支援学級、あるいは特別支援学校が適切なのかを、教育委員会が決定する。これは、医学的診断だけでなく、幼稚園・保育所での子どもの生活、心理アセスメント[*2]といった情報・資料に基づいて、子どもにとって学びやすい環境はどこなのか、子どもの力を最大限発揮できるところはどこなのかと総合的に判断される。

場合によっては、教育委員会では特別支援学級が判定として出されたが、保護者は通常学級を希望するといった意見の相違が起こることもある。その場合、保護者の思いを尊重しながら、校長との面談を行い、保護者と学校がお互いに理解を深めつつ、最終的な判断がなされる。

このように、教育委員会が就学先を「指導する」というやり方から、保護者や関係者が一緒になって、子どもにとってよりよい環境を決定するための「支援」へと、就学相談が変わりつつある。就学先について保護者の思いが重視されることによって、どの選択が最もよいのか、と迷うこともある。保育者が、そうした保護者の思いを受けとめ、一緒に悩んだり、心配ごとを聴くことは、保護者にとって支えとなるであろう。

一方で、小学校において特別な支援が必要と思われる子どもの要録の作成では、子どもが集団生活を送るうえで「困っている」と思われることを伝える必

*2 心理アセスメント
子どもの発達の特徴を、生育歴や周囲とのかかわり等、多面的に発達の状況から、多面的に把握する。

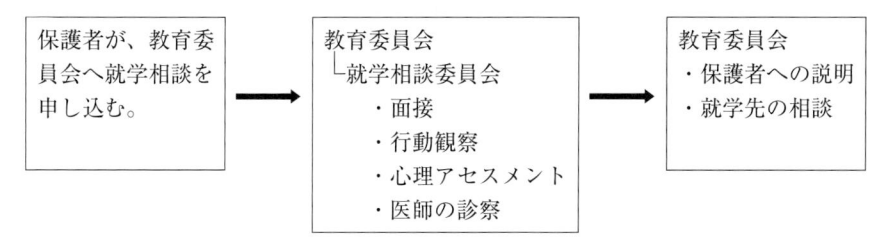

第3部−2●就学に向けた支援〈就学相談・教育相談〉[ガイダンス]

```
┌─────────────┐      ┌─────────────┐      ┌─────────────┐
│保護者が、教育委 │      │教育委員会    │      │教育委員会    │
│員会へ就学相談を│ ───→ │ └就学相談委員会│ ───→ │・保護者への説明│
│申し込む。    │      │ ・面接      │      │・就学先の相談 │
│             │      │ ・行動観察   │      │             │
│             │      │ ・心理アセスメント│      │             │
│             │      │ ・医師の診察 │      │             │
└─────────────┘      └─────────────┘      └─────────────┘
```

図1　就学相談の流れ

要がある。保育者は、子どもと日々生活をともにするからこそ、小学校での集団生活で困ると予想されることや、子どもの生活に密着した子ども像をとらえることができる。ここで、子どもの気になることだけでなく、子どもの得意とすることを含めることに留意したい。発達の遅れや障害のある子どもは、集団生活のなかでさまざまな困難を抱えている。そうした行動を記述すると、子どものできていないことが中心になりがちである。しかしながら、保育者は障害の特性を含めつつ、子どもの成長しつつある側面や、子どもの潜在的な力にも目を向けなければならない。

② 就学相談から教育相談へ

さらに、就学相談は、子どもの入学で終了するのではなく、就学相談で決定された就学先が子どもにとって適切であるのか、日々変わりつつある子どもの成長に基づいて、「教育相談」へと一貫した相談体制のなかで引き継がれていくことが望ましい[5]。

教育相談を担う専門家として、特別支援教育コーディネーター（以下、コーディネーターとする）*3があげられる。小学校では、校長の主導のもと、コーディネーターを中心とした校内委員会が設置され、特別な支援を必要とする子どもの支援を行っていく。コーディネーターは、学校現場で、学級担任、保護者との窓口となり、スクールカウンセラーや関係機関の連携の窓口となり、個別の支援計画を立てて、子どもがよりよい生活を過ごせることを援助していく。また、自治体によっては、特別支援学校のコーディネーターが、子どもと保護者の来校相談を受けたり、幼稚園・保育所を訪問するところもある[6]。

それ以外に、教育委員会が管轄する機関として、教育相談室がある。教育相談室では、無料で、特別な支援を必要する子どもの教育的、心理的支援を行っている。教育相談室では、心理職や教員の経験のある相談員が、面接相談を担当し、保護者の了承のもと、適宜学校と連携を図っている。

＊3　特別支援教育コーディネーター
校内における特別支援教育の体制を整える中心的役割を担っている。

┌─キーワード─────────────────────
│移行期、エコロジカルな視点、就学相談、特別支援教育、連携、教育相談
└──────────────────────────────

ワーク⑩ 「気になる子」の就学支援

事例⑩ 発達が「気になる子」の就学に向けて

　5歳児のGくんは、3歳のときに保育所に入園した。当初から、発語が少なく、こだわりがあり、保育士にとって「気になる子」であった。たとえば、オニごっこでは、「オニ、イヤだー」と叫んだり、自分の好きな子を追いかけまわし、過度に興奮してしまうことがみられた。保育士は連絡帳で家庭や園の様子を伝えたり、母親の子育ての大変さを共感的に聴くようにした。

　また、保育所を巡回している保育カウンセラーに、Gくんの様子を見てもらったところ、自治体の療育機関への通所を勧められた。当初母親はGくんが療育に行くことをためらっていたが、保育士とともに機関を訪れるようになった。そこで受けた心理検査の結果や、Gくんの行動観察から、集団行動での指示の理解が難しいこと等が母親に伝えられた。その後、Gくんは隔週1回、療育機関で小グループによる活動に参加することとなった。

　保育所ではGくんの発達の特徴を踏まえて、保育士は一日の流れをホワイトボードに図示したり、Gくんの気持ちをくみ取りながらかかわることで、Gくんは集団のなかでだんだんと落ち着いていった。また、母親の了承のもと、保育所の担当保育士や主任、療育機関の担当者、保育カウンセラーと、Gくんの成長や状況を定期的に確認した。

　年長になり、母親は療育機関で就学について相談し、教育委員会から保育所にGくんの様子を見に行きたいとの連絡が入った。担当の専門委員は保育所を訪れ、Gくんの自由遊びや食事場面での行動を観察した。このころのGくんは友だちとのかかわりは改善したものの、先を見通して行動することで苦手な面がみられた。

　一方、担任保育士と母親との面談では、「Gがおもちゃを片づけないとき、Gに"片づけができない子は小学校に行けないよ"と、きつく言ってしまうことがあって…」と母親の焦りが伝えられた。また、就学にあたっては、「地域で育ってもらいたいので、自宅から近い学校がいい。そこには、通級指導教室があるので、通常学級に在籍しながら、そこに通わせたい。療育でゆったりと学んだのも良かったし、保育所で友だちとのかかわりで言葉も増えてきた」と語った。

●STEP 1

この事例では、発達が「気になる子」に対して、地域の機関と連携しながら、支援を行っていることがわかります。Gくんの発達の特徴についてグループで話し合ってみましょう。

○：Gくんの発達の特徴について、グループで話し合ったこと。

○：Gくんの発達の特徴について、グループ全体のまとめ。

●STEP 2

母親はどのような思いで、担任保育士と面談しているのでしょうか。また、あなただったらどのように母親にかかわりますか。

○:「母親の思い」についての自分の意見。

○:「母親へのかかわり」についての自分の意見。

○:グループの意見。

●STEP 3

　Gくんと母親に対して、就学に向けてどのような支援が考えられるでしょうか。具体的な対応を考えてみましょう。

○：自分の意見。

○：グループの意見。

○：ほかのグループの発表から新たに気づいたこと。

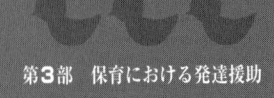

3. 家族支援

ガイダンス

1 ── 子育て支援をめぐる社会の動き

　家族のありようが多様化し、さまざまな問題が深刻化してきたなかで、保育所や幼稚園においても子育て支援としての家族支援が求められるようになった。
　なぜ、保育の現場において家族支援が必要になってきたのだろうか。そこには、少子高齢化という大きな社会の変動が背景にある。
　当初、子育て支援は少子化対策として始められた。子育てと就労の両立による負担の軽減を目指し、1994年（平成6年）にエンゼルプランと名づけられた施策により、地域子育て支援センターの設置や、延長保育や低年齢児保育などの保育サービスの拡大が行われた。だが、急速な少子化に歯止めがかからず、次世代育成を担う社会全体の取り組みが必要であるとの観点から、子ども・子育て応援プランが2005年（同17年）度から2009年（同21年）度まで実施された。そして、2010年（同22年）、子育ての孤立化や育児不安、増え続ける児童虐待をふまえて、国や都道府県が総合的に子育てを支える「子ども・子育てビジョン」が閣議決定され、それを受けて、現在、「子ども・子育て新システム」の構築が検討されている[1]。
　こうした流れのなかで、2007年（同19年）の学校教育法の改正とともに、子育て支援が幼稚園の役割として位置づけられ、2008年（同20年）の『幼稚園教育要領』の改訂においては、園庭の開放や関係機関との連携や保護者との関係の構築等、一層の充実を目指した内容が明示された。さらに同じく2008年（同20年）に告示された『保育所保育指針』では、「保護者に対する支援」の章が盛り込まれ、家族支援が「保育士等の業務」として位置づけられている。

2 ── 家族への支援

　では実際に、子育て支援や保護者への支援、家族支援とはどのようなことなのだろうか。それは、子どもを含めた家族が、生きやすくなるように支援することである。たとえ問題が解消されずとも、家族がその問題にうまく対処することができるようになったり、うまく折り合いをつけながら暮らしやすくなることが重要であり、そのための手伝いをすることが家族支援であるといえる。

保育所や幼稚園でどのような家族支援が行われているのか、具体的にみていこう。

(1) 保育所や幼稚園における家族支援

保育所では、できる限り保護者の仕事と育児の両立を図りやすくするための支援が行われている。たとえば、未入園の子どもの保育が緊急に必要な場合や、週2～3日の割合で保育が必要な場合のための一時預かり事業や、保護者の勤務時間に合わせた延長保育、子どもの急な発熱など病気のときにも対応ができるような病児保育や病後児保育、さらに休日や夜間の保育などがある（図1）。

また幼稚園では、在園児とその保護者のみならず、在園児以外の幼児と保護者も対象とした、子育ての不安や負担を軽減するためのさまざまな子育て支援活動が行われている。たとえば子育て講座や講演会、子育て相談、保護者の保育参加、子育てサークル、通常の時間外の保育である預かり保育、未就園児を対象とした保育や園庭の開放等が行われている。こうした子育て支援の取り組みは、全国のおよそ8割の幼稚園で実施されている[2]。

(2) 相談の場面と内容

日常の保育場面で、どのようなときに保護者からの相談が寄せられるのだろうか。幼稚園における子育て相談についての調査によれば（図2）、子どもの送迎時が最も多く、続いて連絡帳や保護者会・懇親会となっている。送迎時は保育士と保護者がかかわる日常的な機会である。それほど長い時間ではないが、こうしたちょっとした機会が相談の場面として利用されていることがわかる。

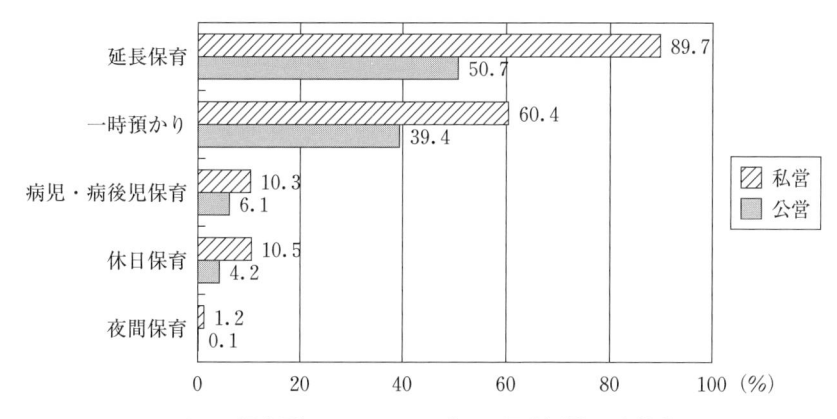

保育活動	私営	公営
延長保育	89.7	50.7
一時預かり	60.4	39.4
病児・病後児保育	10.3	6.1
休日保育	10.5	4.2
夜間保育	1.2	0.1

図1　保育所におけるさまざまな保育活動の実施率

出典：社会福祉法人全国社会福祉協議会全国保育協議会「全国の保育所実態調査報告書」2011年より筆者作成

相談内容としては、園での子どもの生活についてや子どもの友だち関係、子どもの発達やくせについての相談が最も多い(図3)。日常的な送迎時や連絡帳でのやりとりのなかで、保護者は子どもの園での生活を垣間見て、子育て上の疑問を解消したり、不安を和らげていると考えられるだろう。

　また、保護者が相談相手として求めているのは、専門的知識の有無というよりも、むしろ、子どものことを自分と一緒に考えてくれたり、子どもの日常の様子を知っている人であることが、文部科学省の調査で明らかになっている(図4)。子どもの日常をわかり、子どもを見、理解している人の存在が、保護者の安心感につながっているのである。

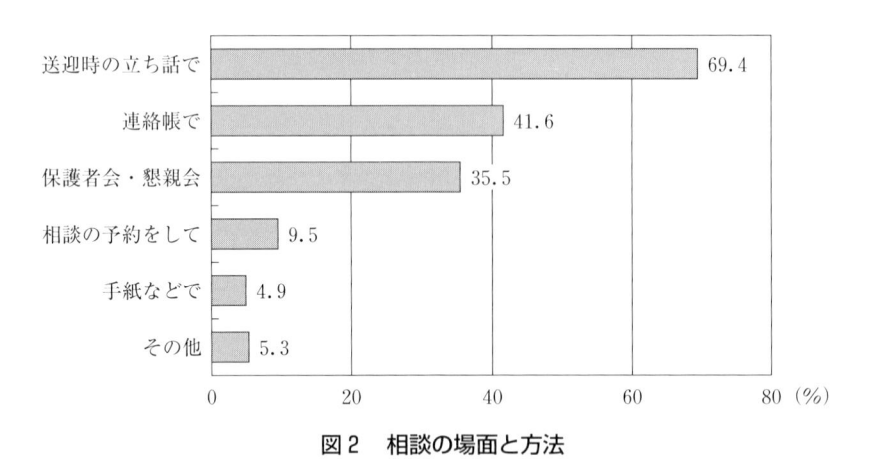

相談の場面と方法	（％）
送迎時の立ち話で	69.4
連絡帳で	41.6
保護者会・懇親会	35.5
相談の予約をして	9.5
手紙などで	4.9
その他	5.3

図2　相談の場面と方法

出典：荒牧美佐子「園における子育て支援の実際」無藤隆・安藤智子（編）『子育て支援の心理学―家庭・園・地域で育てる』有斐閣　2008年より筆者作成

相談の内容	（％）
園での子どもの生活	68.6
子どもの友だち関係	60.3
子どもの発達・くせ	56.3
子どものしつけ	19.7
子どもの教育	8.0
他の保護者との関係	2.3
PTAや役員活動のこと	2.1
自分自身の生き方	0.4
その他	1.5

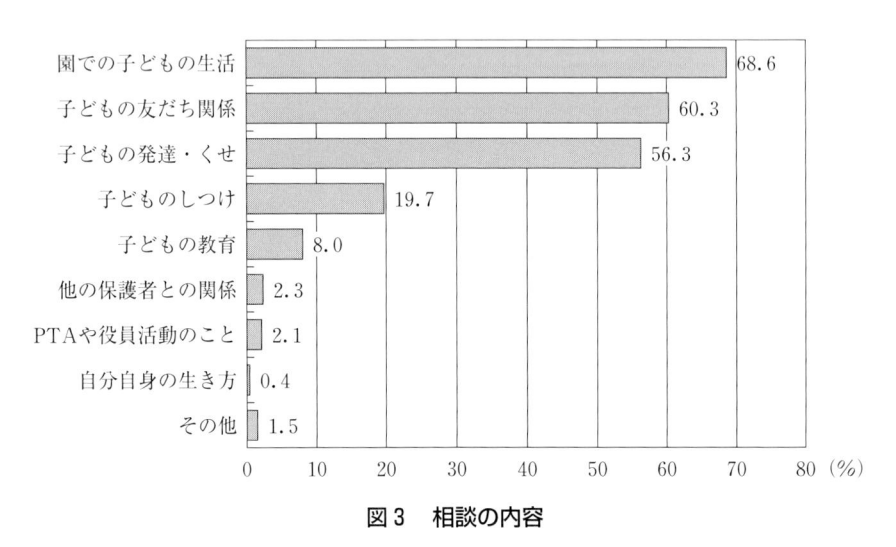

図3　相談の内容

出典：荒牧美佐子「園における子育て支援の実際」無藤隆・安藤智子（編）『子育て支援の心理学―家庭・園・地域で育てる』有斐閣　2008年より筆者作成

相談したい人	%
子どものことを自分と一緒に考えてくれる人	59
子どもの日常の様子を知っている人	54
子育ての経験がある人	47
自分の気持ちをわかってくれる人	39
子どもの発達等の専門的な知識を持っている人	27
心理の専門的な知識を持っている人	23
注意して個人情報を扱ってくれる人	10
その他	1
相談したいとは思わない	1

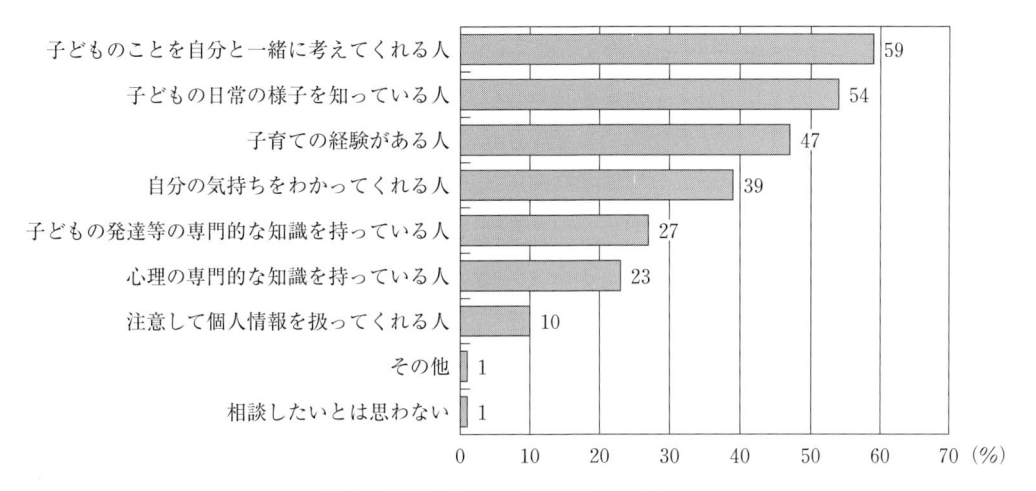

図4　子育てについて相談したい人

出典：文部科学省「重要対象分野に関する評価書―少子化社会対策に関連する子育て支援サービス　3．各事業の評価　（b）子育て支援・預かり保育」2008年より筆者作成

3 ── 保護者とのかかわりの留意点

　上述したように、保育における家族支援は、日常的なやりとりのなかにちりばめられている。そして、そうしたやりとりを通して、保護者との信頼関係を築いていくことが重要である。保護者の悩みを聴いて理解し、共感することが求められることもあれば、子育ての苦労をねぎらいつつ、ときには子どもの発達の専門家としての具体的なアドバイスが必要となることもあろう。だが基本的には、保護者との信頼に基づいた好ましい関係を形成することが重要であり、そこから家族支援が始まると言っても過言ではない。

　子どもが過ごした1日のエピソード（出来事）を発信することの重要性が指摘されている[3]。エピソードを伝えることで、保護者も園での子どもの様子や成長を知ることができる。それによって保護者の不安が軽減されたり、保育者への信頼感の形成と関係の深まりへとつながる。帰宅する途中で、園での活動や出来事を中心として保護者と子どものやりとりが交わされれば、それが子どもと家族との絆を強めることにもつながるだろう。

　こうした保護者とのやりとりは、たとえば、デジタルカメラで活動の記録を撮ったり、1日の出来事として張り出すこと等で活性化される[3]。園と家庭とをつなぐ架け橋としての役割を、保育者は担っているといえよう。

4 ── 気になる子どもの家族への対応

ここでは、特別な配慮を要する子どもの家族への支援について考えてみたい。

発達や行動、あるいは情緒的な問題が気になる子どもについては、家族への対応が困難な場合がある。たとえば、家族が援助を求めていない、あるいは、子どもの気になる行動への認識が保育者とは異なる場合である。そうした場合でも、援助の基盤となるのは、保護者との信頼関係を構築するということである。そのためにも、子どもの気になる行動を伝える場合には、保護者ができる限り受けとめやすい伝え方を考慮するということが大切であろう。

家族の事情はさまざまであり、経済的困難を抱えていたり、離婚や再婚など、複雑な家族関係がある場合もある。祖父母や里親が子どもの養育をしている場合もあるだろう。子どもが示す問題行動が、家族の複雑な状況を反映していることは少なくない。こうした家庭の事情を批判や偏見を交えずに理解し、ともに子どもを育てる姿勢、子どもの成長を喜び合う姿勢が重要である。

(1) 保護者の育児不安が強い場合

先にあげた図4をみてほしい。「相談したいとは思わない」と答えた保護者は極めて少なく、何らかの悩みや不安を抱えて誰かに相談したいと思っている保護者の多いことがうかがえよう。そうしたなか、相談できる人やサポートがない状況では、孤立化し、育児不安を高めてしまいやすい。また、寝つきが悪い、泣き止まない、言うことをきかない等の子育てのうまくいかなさに関する悩みと同時に、「叱りすぎてしまう」、「怒鳴った後で自己嫌悪してしまう」などの、子どもへの対応がうまくいかないことへの不安やイライラ感を訴える親が多く、「自分がしていることは虐待ではないか」と思いながら育児をしている親が4割に上ることが報告されている[4]。

そのような保護者に対して、「そんなことをしてはいけない」と批判的なメッセージを投げかければ、保護者との関係を築くことは難しくなるだろう。そうした教育的な言葉かけよりも、なぜそうしてしまうのか、そうせざるを得なくなってしまう親の苦しさに耳を傾けることのほうが重要である。そのうえで、どのようにしたら子育てのうまくいかなさが軽減されるのかをともに考えてゆく。子ども一人ひとりの特徴をつかんでいる保育士の視点からのアドバイスが有効なことも多い。こうしたかかわりが保護者との良好な関係を築き、親としての育ちを支え、自己肯定感を育むことにつながるのではないだろうか。

(2) 子どもに発達の遅れ等がみられる場合

子どもの遅れは顕著ではないが、保護者が過剰に心配していると思われる場合には、どのようなことから心配になるのかについて具体的に話してもらい、

第3部-3 ●家族支援［ガイダンス］

母親の気持ちを理解することが求められるであろう。一方、子どもの遅れが認められる場合には、専門的な機関につなぎ、連携しつつ対応していくことが求められる。保護者が子どもの遅れを認められない場合には、受け入れていくという過程に寄り添うことも必要となる。保護者にとって子どもの遅れについて指摘されることは辛いことである。保育者の心ない一言によって傷つけたり、保育者との関係を悪化させたりすることのないよう、配慮が必要である。たとえば「○○ちゃんのことで困っています」、「どうしたらいいか専門家に聞いてください」などと言われれば、責められていると感じたり、子どもが迷惑をかけていると悩んだりしてしまうかもしれない。また「お母さんの心配のし過ぎ」、「私は普通の子だと思っています」などと保護者を安心させようとして出る安易な言葉も、逆に保護者を傷つけ、信頼関係を損ないかねない[5]。

　子どもの気になる行動に対して、園ではどのように対応しているのか、保育者の工夫を伝えることが、保護者自身にとって子どもとのかかわり方を学ぶためのヒントになる[6]。うまく対処ができるようになれば、保護者自身の気持ちにもゆとりが生まれてくるであろう。保護者の揺れる気持ちに寄り添いつつ、ときにはともに考え、子どもの成長を喜び合うという協働の姿勢が大切である。また、ときには保育の専門家として、専門的なアドバイスを求められることもあるだろう。こうした多様な求めに柔軟に対応できることが必要とされる。

(3) 子どもへの虐待がみられる場合

　子どもの様子や保護者とのかかわりの様子から、虐待が疑われる場合には、児童相談所や市区町村の担当窓口へ通告する義務がある。専門機関にて地域での見守りという判断がされれば、連携をとりながら継続して子どもと保護者の支援を行っていくこととなろう。『保育所保育指針』に明記されているように、地域の要保護児童対策地域協議会[*1]などの関係機関との協力や連携も重要である。

　子どもの衣類は清潔であるか、叩かれている様子はないか、保護者の様子は落ち着いているか、あるいは両者の関係性[*2]にも留意しながら、保護者の親としての育ちを支えることが求められる。日常的かつ継続的なかかわりのなかで、保護者のほうから育児の負担感やイライラ感を話してもらえるような、良好な関係を築いておくことは、こうした場合にも保護者の大きな支えとなっていくものと考える。どうしても叩いてしまうので子どもを預けたいと、保護者から申し出る場合もある。そうしたことも、信頼関係のなかに生まれることであり、保護者との信頼関係・協働関係の構築は、虐待の予防や早期発見へとつながる、子どもを守る防御策となるものともいえるのである。

*1　要保護児童の早期発見と保護のために、地域の関連機関が情報を共有して連携しつつ、支援を行うための地域ネットワーク。2005（平成17）年4月より法定化された。

*2　親子間の関係性のアセスメントとしては、保護者がそばにいるときに子どもが安心しているか、自由に笑ったり話したりしているか、保護者が叱っても怯えた様子がないか、困ったときに保護者の助けを求めにくるか等から判断される。
（参考：イワニエク，2003）

　キーワード

少子高齢化、少子化対策、気になる子ども、育児不安、児童虐待、要保護児童対策地域協議会

ワーク⑪ 子どもの様子を伝えてみよう

● STEP 1

　まず、あなたの欠点を書いてみましょう。そして、それを肯定的にとらえるとどのように言いかえることができるか、考えてみましょう。

あなたの欠点は？　　→　　肯定的に考えると？

① _____　　_____
② _____　　_____
③ _____　　_____
④ _____　　_____
⑤ _____　　_____

● STEP 2

　次のような子どもの様子を、保育者としてどのように子どもの様子を保護者に伝えたらよいでしょうか。それぞれ肯定的な伝え方を工夫して考えてみましょう。

（1）「ほかの子が遊んでいるおもちゃを取ってしまう」

（2）「何をするにも時間がかかってしまい、次のことをはじめるのが遅い」

（3）「ほかの子をいきなりたたいてしまう」

（4）「好きな遊びに熱中し、次の行動に移ることがなかなかできない」

（5）「じっとしていることが苦手で落ち着きがない」

● STEP 3

ほかの人の書き方から参考になったことをまとめてみましょう。

ワーク⑫ 連絡ノートで伝えてみよう

●STEP 1

連絡ノートで保護者に思いを伝えてみましょう。あなたならどのように返信を書くでしょうか。

・5歳児の母親からの連絡ノート

> 「このごろ、話すときに吃音が出始め、気になります。周りのお母さんは気にしなくて大丈夫と言ってくれるのですが、やはり心配になります。もしかしたら、最近、お稽古ごとを始めたことがストレスになっているのかもしれません。内気で引っ込み思案のところがあるので、少し積極的になってほしいと思いサッカーを始めたのですが、なかなか集団に溶け込めないようです。」

・3歳児の母親からの連絡ノート

> 「最近、言うことをきいてくれず困っています。先日、一緒に買い物に行ったのですが、お菓子をいくつも抱え、買ってほしいと言って大泣きをしました。もうすぐ下の子も生まれるので、もう少しお姉さんになってほしいと思うのですが、なかなかそれができません。私もつい、カッとなって叩いてしまい、後から『あんなに怒らなくてもよかった』と反省します。」

第3部-3●家族支援［ワーク］

●STEP 2
返信の文章はどのような点に留意して書きましたか。箇条書きにしてまとめてみましょう。

○：5歳児の母親への返信文で気をつけたこと

○：3歳児の母親への返信文で気をつけたこと

●STEP 3
ほかの人の書き方や意見から参考になったことをまとめてみましょう。

第3部 保育における発達援助

4. 特別なニーズのある子どもに対する支援

ガイダンス

1 ── 幼児期の障害児への支援

　近年、教育の場においては2007（平成19）年に「特別支援教育」が制度化され、障害のある子ども一人ひとりの「教育的ニーズ」を把握して、学習面のつまずきや生活・行動面での困難に対する支援が行われることとなった。また、福祉の場においては、2012（同24）年4月より児童福祉法が改正され、これまでの障害別通園施設[*1]を引き継ぐかたちで障害児通所支援として「児童発達支援」[*2]が整備された。また、障害児の定義の見直しも行われ、発達障害も支援の対象として位置づけられるようになった[*3]。このような福祉や教育体制の整備が進むなかで、障害児に対するより適切な理解とともに、支援計画に基づく個別的なニーズに応じた支援や配慮が求められている[1]。

　障害のある幼児にとって、通所施設や特別支援学校幼児部などは、特性に応じた療育的な保育を受けることができる場である。一方で、一般の保育所や幼稚園においても、障害児が集団保育に参加する、いわゆる統合保育が行われてきている。療育機関等における分離保育に対して、並行通園を含め、一般の保育の場に属する障害児は年々増える傾向にある。ノーマライゼーション理念[*4]の広がりとともに、地域のなかで子どもたちが一緒に育つインクルーシブ保育（教育）は定着しつつあるといえる。

　しかし、保育の場には障害としての診断はないが、発達につまずきのある「気になる子」も多く見受けられる。乳幼児期の障害は発現時期が多様で、入園時には特に問題はなくても、集団生活のなかで困難が顕在化してくることもある。また、この時期は心身の諸機能が発達途上であることから個人差が大きく、状態像も変化しやすい。一概に「診断名」の有無によって障害を判別し、支援の必要性を判断するのは難しい面がある[*5]。

　さらに、障害の特性によっては、家庭内と集団の場とで異なった姿がみられることもあり、保護者とのあいだで子どもについての共通理解が得にくい場合もある。家庭において、保護者が子どもの障害を受け入れて、適切な理解や養育に結びつくまでには、時間が必要となることが多い。また、保護者の子育てに対する不安や困難感が強いときには、保護者支援も必要となる。

　このように、保育の場で障害にかかわる子への支援を行うには、さまざまな

*1　厚生労働省所管の知的障害児、肢体不自由児、難聴幼児の各通園施設がある。

*2　障害児にとって身近な地域で支援を受けられるようにするため、児童発達支援に再編。児童発達支援には、児童福祉施設として定義された「児童発達支援センター」と、それ以外の「児童発達支援事業」の2種類がある。現行の障害児通所施設・事業は医療の提供の有無により、「児童発達支援」または「医療型児童発達支援」のどちらかに移行する。

*3　2012（平成24）年4月から児童福祉法第4条第2項に規定する障害児の定義規定が見直され、従前の「身体に障害のある児童及び知的障害のある児童」に加え、「精神に障害のある児童（発達障害者支援法第2条第2項に規定する発達障害児を含む。）」を追加することとなり、発達障害児についても障害児支援の対象として児童福祉法に位置づけられた。

第3部-4 ●特別なニーズのある子どもに対する支援［ガイダンス］

児童発達支援センターが障害児支援のノウハウを広く提供することにより、身近な地域で障害児を預かる施設の質の担保と量的な拡大に繋がることを期待。

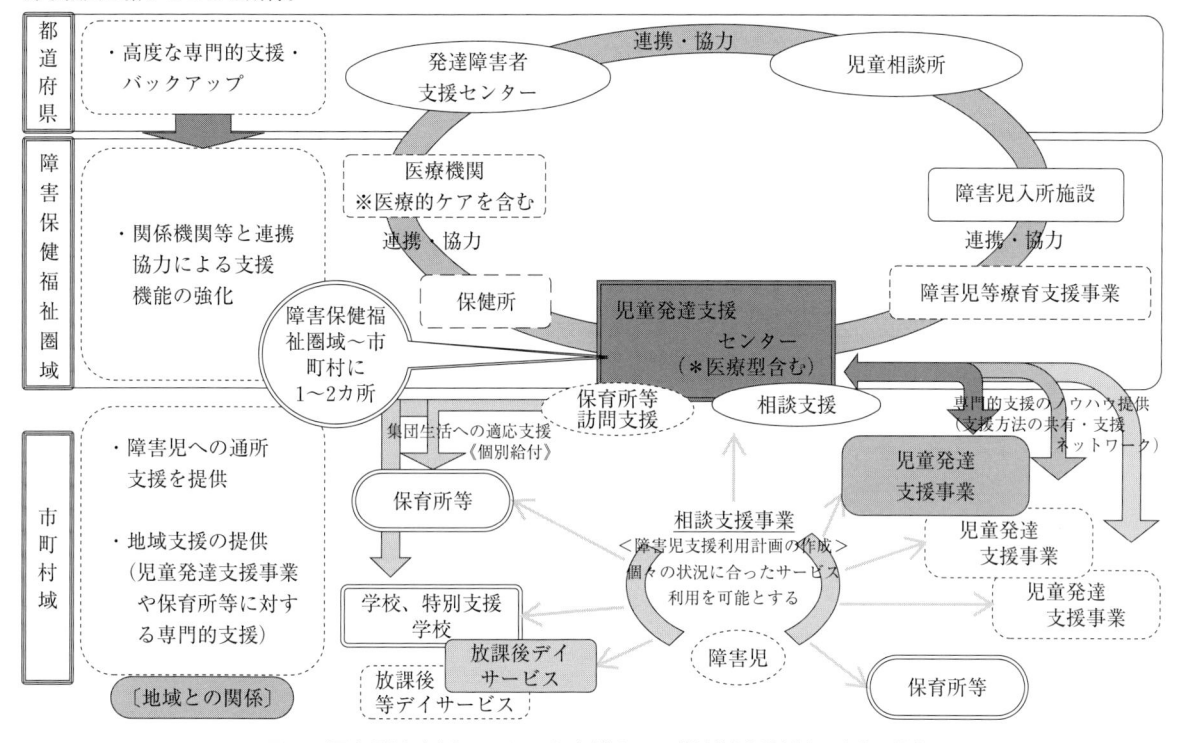

図1　児童発達支援センターを中核とした地域支援体制の強化（例）
出典：厚生労働省「平成24年　障害保健福祉関係主管課長会議資料等」p.228

視点から総合的に状況をとらえ、関係各所と協働して進めていくことが望まれる。実際に保育者として障害にかかわる子を受けもった場合には、全体としてのクラス運営を行いながら、個別の支援を保障することに困難を感じる場合があるかもしれない。今日では、各自治体による職員の加配措置や臨床心理士等の巡回相談とともに、療育機関による保育所等訪問支援[*6]などの連携が確立されつつある[2]。そのような支援の枠組みを保育所全体で構築したうえで、担当の保育者が子どもとの関係を形成していけることが、安定した支援に結びつくと思われる（図1）。

　保育の場での支援は、子どもの障害自体にアプローチするのではなく、障害にかかわる状態がありながらも発達する力を育てることが目標となる。そのためには、子どもの状態を、環境との相互作用という関係性の視点からとらえ、環境調整を行うことが発達促進的な支援につながると考える。ここでは、診断の有無にかかわらず、障害にかかわる状態が認められる子を配慮が必要な「要配慮児」ととらえ、具体的な支援のあり方についてまとめてみることとする。

＊4　障害者など社会的な不利益がある人も健常者と一緒に助け合いながら生活していくのが正常な社会のあり方であるとする考え方。また、それにもとづく運動や政策も含まれる。

2 ── 要配慮児に対する支援の流れ

支援の具体的な流れについて、図2を参照しながらみていこう。

① 保育者および保護者の問題意識

まず、支援の必要性について、対象となる子がどのような観点から配慮を要するかという問題意識をまとめる（身辺動作の介助、集団適応状態など）。また、保護者の子どもへの理解や受容の状況に合わせて問題意識の共有を図る。

② 対象児と保育環境についての情報整理

子どもとのやりとりや活動を通して、子どもの状況および保育の状況についてまとめる。苦手なこととともに、好きな遊び（人）、集中できる時間、安心できる場所など、肯定的な情報を収集する。すでに医療機関や療育機関とつながっている場合には、保護者を通じて発達検査等のアセスメントの情報を得る[3]。また、家庭の状況として、何らかの養育不全（虐待）の状況が確認された場合は速やかに処置する。

③ 支援に向けての課題と目標設定

状況全体の情報整理を行ったうえで、現在の姿からターゲットとなる発達課題を取り上げ、達成可能と思われる支援目標を設定する。それに対する具体的な手立てを立案し、支援計画を作成する（p.98の表1）。

④ 具体的な支援の実施と他機関との連携

作成した支援計画を園全体で共有し、具体的な支援を行う。保護者との共通認識のもとに、必要に応じて巡回相談や関係機関（医療機関、療育機関、教育センター、保健センター、児童相談所他）との連携を図る。支援計画は半期を目安に実践を評価し、子どもの状態を踏まえたうえで内容の見直しを行う。年度末には年間の実践をまとめ、必要に応じて次年度に引き継ぐ。また、最終年次においては就学への移行に必要な支援を行う。

＊5 「ダウン症」のような先天的疾病は出生時に医学的な診断を受けることになる。また「脳性麻痺」や「視覚・聴覚障害」「運動障害」などは生後まもなくから1～2年のうちに身体機能面の発達の遅れによって明らかになる場合が多い。言葉や行動上の困難によって気づかれる「自閉症」は3歳で確定診断となるが「広汎性発達障害」「AD/HD」などの発達障害については状態像として認められていても、診断につながらない場合がある。

＊6 障害児通所支援の1つとして、2012（平成24）年4月から「保育所等訪問支援」が創設された。このサービスは、訪問支援員（障害児の支援に相当の知識・技術および経験のある児童指導員・保育士、機能訓練担当職員等）が保育所等を定期的に訪問し、集団生活への適応のための専門的な支援を行うものである。

① 保育者および保護者の問題意識

⇩

② 対象児と保育環境についての情報整理：行動観察・情報収集
　1）対象児の状態把握＝保育のなかでの子どもの状況（能力）と問題の実態
　　【発達状況】言葉（理解・表出）／身体機能、感覚知覚の状態／注意集中、情緒統制
　　【対人的相互作用】共同注視（視線、指さし）／意志伝達（身振り、ものまね）／言語的コミュニケーション／遊びの状態（ごっこ遊び）／かかわり（大人、子ども）
　　【ADL】摂食能力、排泄、衣服の着脱など介助の必要の程度
　2）保育体制（環境設定、保育内容）の理解と整理
　　クラスの大きさなど物理的環境（保育室のつくり・遊具の配置・園庭の広さと保育室の配置・散歩の道程）／危険な場所／職員配置（加配の有無）／保育形態（自由・設定）／カリキュラム（行事）／医療的ケアの必要性
　3）環境についての整理と情報収集
　　家庭状況（生育歴、相談歴、養育状況、*虐待）の確認／対象児についての保護者の理解や要望／関係する医療、療育等専門機関／地域の各種育児資源／地域の学校

⇩

③ 支援に向けての課題と目標設定
　支援計画の作成（前期・後期）：園全体での共通認識

⇩

④ 支援の実施と他機関との連携
　〈保護者〉　　　　　　　㋙　　　　　　　〈保育者〉
　家庭内での養育状況の確認　　　　　　　園内での具体的な支援
　他機関への相談（療育）　　　⇔　　　　および他機関との連携

・支援内容の共有
・他機関の利用状況や情報の確認（発達検査の結果や診断、医療的ケアの必要性など）
・支援計画への助言やケースカンファレンスの共同開催

⇩

就学への移行に向けて

図2　要配慮児に対する支援の流れ

表1 支援計画の一例

(名前　　　年齢　　クラス　　／記入日　　　　)

	課題（現在の姿）	目標	手立て（配慮）
集団適応	集団の場にいることができるが、ルールに合わせることや活動の切りかえが難しい。	今何をするときなのか等、状況を把握できるようになる。	・一対一でのやりとりをていねいにしていく。 ・ルールをわかりやすい言葉や絵、身振りで伝え、活動の見通しをもてるようにする。
対人関係	大人とはかかわれるが、子ども同士では相手に自分の思い通りに動いてほしい気持ちが強い。	自分の気持ちが伝わる経験をする。	・遊びの場で友だちとかかわるときに保育者が仲立ちする。 ・自分の気持ち、相手の気持ちを保育者が代弁する。
運動技能	勢いよく走るような運動は得意だが、体操やリズムなどはやりたがらない。	体を使う遊びを大人と一緒に行う。	・粗大運動や感覚統合的な遊びを日常に取り入れ、体の使い方を示していく。
感覚・知覚	環境の刺激に敏感。ザワザワしたところが嫌で1人になりたがる。	集団のなかで落ち着いて過ごす時間をもつ。	・集まりの時間などに本児の好きな感触のものをもたせてみる。
生活習慣	身辺自立はできている。午睡、入眠が難しく、興奮しやすい。食事を一緒に食べず、後で1人で食べたがる。	午睡時、気持ちを落ち着かせて休息がとれるようになる。	・入眠時に興奮の引き金になるもの（音刺激）から離して落ち着ける環境をつくる。
認知・言語	会話が成立する。ひらがなを理解する。個別に話すと注意が向けられるが、言葉だけの指示では注意が向けにくい。	相手の話に注意を向けて聞く。	・集団のなかで話を聞くときは、座る場所・向きを配慮し、集中しやすい環境をつくる。 ・絵、文字など視覚的な手掛かりにより注意を向けやすくする。
環境について	・保護者のとらえ方、希望 ・ADL、医療的ケアなど ・保育体制 ・他機関とのつながり		

＊対象児について配慮が必要と思われる項目を選んで記入する。

3 ── 保育の場で要配慮児を正しく理解し支援するために

　要配慮児に対する支援は、対象となる子の発達段階や障害の状況、適応状態などにより個々の対応が必要となる。しかし、長期的な視点で発達の見通しをもちつつ、達成可能と思われることからスモールステップ[*7]で取り組んでいくことは、支援の基本的な姿勢である。

　また、要配慮児にみられる問題を、環境との相互作用から生じる困難感ととらえ、保育者自身がどのような環境になっているのか、という視点をもちながらかかわることも大切である。保育者との肯定的な関係は、子どもにとって環境に対する安心感につながるといえる。

　さらに、気になる子のなかには障害の特性と思われるような行動や反応がみられながらも、背景に虐待や養育不全が認められる場合もある。情緒の問題と障害の判別など、保育者に迷いや行き詰まりが感じられたときに、1人で抱え込まないような協働体制がとられていることが望ましい。

　要配慮児に対して適切な環境調整を行い、安定した関係を形成する支援の取り組みは、同じ場で体験を共有する子どもたち全体の育ちにとっても発達促進的な保育になるといえるだろう。

*7 課題を細かく分けて、確実に習得できる段階から順序だてて少しずつ進めていくこと。

キーワード

児童発達支援、個別支援計画、インクルーシブ保育（教育）、ノーマライゼーション、関係性

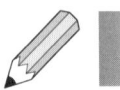

ワーク⑬　個別の配慮が必要な子どもへの支援を考える

事例⑪　ほかの子とかかわりがもちにくい年少児

　年少クラスのIちゃんは、いつもマイペースに保育室の中や外を行き来して過ごしています。保育者が名前を呼んでもほとんど振り向かず、ほかの子どもたちの遊びにも関心がない様子です。ときどき「おいしい」などの言葉が聞かれますが、問いかけに応えることはありません。ほかの子が話しかけてもひとりごとのように口のなかでモゴモゴ言っているだけです。好きな遊びは、ままごと道具やブロックを並べたり、カーテンを体に巻きつけたりすることなどです。保育者がほかの子との遊びに誘おうとして、やっていることを中断させると、急に泣き出したり、壁や床に頭打ちをするなどかんしゃくを起こし、なかなかおさまりません。

　Iちゃんのお母さんからは、1才までは手がかからなかったけれども、お母さんが仕事に復帰したころから夜泣きがひどくなり、偏食やかんしゃくが多くなったと報告されていました。その後、お母さんの仕事が忙しくなり、家でかかわる時間が少なくなったことで、言葉が遅くなってしまったのではないかと心配しているようでした。けれどもいくつかの言葉を話したり、歌を歌っているようなときもあるので、もう少し様子を見守りたいとのことでした。

〈エピソード〉

　クラスで散歩に出たときのことです。Iちゃんは少し歩くとすぐに座りこんでしまいます。保育者が声をかけると少し歩き出しますが、ほかの子のペースは気にせず自分のペースで歩いています。気になるものがあると近づいて行ってしまうので、Iちゃんから目を離すことができません。

　目的地の公園につくと、地面の砂利をすくいあげてはばらまいたり、小石をひろって両手に抱え込んだりしてひとり遊びをしています。「そんなにたくさんもつと落としちゃうよ」と声かけしても返事はなく、黙々と繰り返しています。ほかの子との遊びに誘いかけても応じないので、Iちゃんのまねをするように、となりで砂利の混ざった砂を高いところから少しずつたらしてみました。するとIちゃんはそれをじっと見て笑顔になりました。その後いくつか形の違う石を拾ってIちゃんの手にのせると、もっと、と期待するように手のひらをさし出してきました。保育者が葉っぱを拾い、目の前で振ってみせると、足元にあった枝を手に取り、それを振り始めました。保育者がIちゃんに向かいあって「おもしろいね」と声をかけると、一瞬目が合いました。その後は何も言わずに保育者のもっていた葉っぱに手を伸ばしてきました。保育者が葉っぱを振って「はっぱ」と言ってから渡すと、Iちゃんも同じように振りだしました。その様子を見ていたほかの子たちが近くに来て、葉っぱを拾い始めました。ほかの子も葉っぱを振っているのを見て、Iちゃんは「ぱ」と言いました。

●STEP 1

この事例を通して、ほかの人とのかかわりをもつことが難しい子をどのように理解して、支援していけばよいのかについて考えてみたいと思います。保育者の立場になって状況を整理し、問題意識をまとめてみましょう。

○：Ｉちゃんの発達の状態について整理してみましょう。Ｉちゃんの気になる様子として、どのようなことがあげられますか。

○：それらの様子から、Ｉちゃんの発達についてどのようなことが考えられるでしょうか。

●STEP 2

　Ｉちゃんに対する保育者のかかわり方について考えてみましょう

①：自分の意見を書いてください。

　　○：エピソードのなかで保育者が行ったかかわりについて、なぜ、このような対応をしたのだと思いますか。

　　○：あなただったらどのようなかかわりをしますか。

②：みんな意見を聞いて感じたこと、改めて気づいたこと、振り返ったことをまとめましょう。

第3部-4 ●特別なニーズのある子どもに対する支援［ワーク］

●STEP 3

今後、Iちゃんにとって必要とされる支援のあり方について考えてみましょう。

①：自分の意見を書いてください。

　○：今後、Iちゃんの状態について保護者と協力していくために、どのように保護者と話をしたらよいと思いますか。

　○：Iちゃんの状態を踏まえて、支援が必要であるとしたら、どのようなところと連携をとって支援を進めていくことが望まれますか。また、そのためにはどのような情報をまとめておくとよいでしょう。

②：みんなの意見を聞いて感じたこと、改めて気づいたこと、振り返ったことをまとめましょう。

第3部　保育における発達援助

5. 保育におけるカウンセリングマインド

ガイダンス

1 ── 発達援助における協働

　子どもの発達援助は、保育者が保護者をはじめさまざまな人々と協働することによって、より良いものとなる。協働すなわち、コラボレーションとは、参加するすべての人々が主体的に問題解決に向けて力を合わせることであり、いわゆる上から下への指導や、権力関係をもち込まないことも重視される。心理学のなかでも、コミュニティ心理学[*1]という分野において、中核的な概念の1つに、このコラボレーションがある[1]。

　保育者と協働するのは、園内のすべての職員のほか、保護者などである。また、専門的な発達援助のために、地域の各種専門機関（病院、療育施設、家庭支援センター、保健所など）も加わる。

2 ── 協働的関係のなかでの保護者支援とカウンセリング

　発達援助において、保護者と協働する場合を考えてみよう。子どもの発達上のことで、悩みを抱えた保護者に対しても、支援が必要になることは言うまでもない。たとえば、『保育所保育指針』に示された「保育士の専門性を生かした保護者支援」業務では、これを「保育指導」と規定している。この「保育指導」を支える原理と専門技術が「保育相談支援」であり、保育者がその技術を研鑽することが求められている。

　このような保育者が行う保護者支援の一部に、心理学におけるカウンセリングの知識が活用されている。また保育の場で生じるさまざまな子どもの心身の発達援助や、家庭の子育てに関する悩み等を保育カウンセリングとして、保育者や心理の専門家が相談を行う場合も多く見られる。

　一般に、カウンセリングという言葉の語源には、ラテン語で「相談」という意味がある。カウンセリングは、クライエントの個人的な問題、関心、願望に対して、心理学的な理論やコミュニケーションスキルを応用して対処する専門行為のことである。カウンセリングを行う人をカウンセラー、カウンセリングを受ける人をクライエント（あるいは来談者）と呼ぶ。カウンセラーは、クライエントに対して、指示や指導よりも、非指示的な援助を行う場合が多い。

＊1　コミュニティ心理学の始まり
　1960年代の米国では、多文化、ベトナム戦争後の精神障害者への対応など、多くの社会的問題があった。それらを背景に「地域精神保健センター法」が成立し、「地域精神保健のための心理学者教育に関するボストン会議」が1965年に開かれたのが、その学問的始まりとされる。

3 ── 相談構造の難しさ

　ここで、保育カウンセリングを行う際の前提や特性についてまとめておこう[2]。先述したように、相談は、保育者が行う場合もあるし、心理の専門家などが行う場合がある。ここでは、主として保育者が相談活動を行うことを想定する。

　保育カウンセリングにおいて、一般のカウンセリングと最も異なる特徴の1つが、相談構造であろう。子どもが自ら相談を要請することは、ほとんど考えられないのであって、相談は、保護者や保育者が必要を感じて始まる。特に保育者の方から保護者に呼びかける形で相談が始まる場合、相談関係が成立するまでに、保育者は多くの工夫と労力が必要となる。

　相談の必要が生じる主な事態は、表1のように、4つある。

表1　保育カウンセリングが生じる主な事態

①　保育のなかで、子どもの心身の発達状況に問題が感じられるとき
②　日常の保育の流れのなかでは対応できないような問題行動を呈するとき
③　家庭に問題が感じられるとき
④　保護者から相談の申し出があるとき

　相談したい動機づけが保護者の方にあって、これに応じる形で始まる相談が、いわゆるカウンセリングと呼ばれるものの前提に最も近いが、①から④のうちで、初めからその条件を満たすものは④に限られる。

4 ── カウンセリングの基本的態度　～カウンセリングマインド～

　カウンセラーは、どんな学問的立場であれ、クライエントとの話をじっくりと聞くことによって信頼関係を作り上げていく。最初に、両者が取り組むべき課題に対する作業同盟*2として、まずは相手をほどほどに信頼することが必要であり、そこから真の関係を築くことが始まるのである。これらがいわゆるカウンセラーの基本的態度であり、カウンセリングマインドとして、保育や教育場面で大事にされる態度でもある。

　カウンセリングマインドとは、日本で作られた用語であり、カウンセラーに必要な態度や心得をカウンセリング以外の場で生かすときに、広く用いられている。保育の場で広く馴染まれた用語となった背景には、1980年代から心理学的な知識を踏まえた教育相談が重視され、保育や学校教育など対人関係に携わる者も、子どもや保護者の内面を理解する姿勢が強調して求められるようになってきたことがあるだろう。

＊2　作業同盟
グリーンソン（Greenson, R.）が提唱した。クライエントがセラピストとともにもつ治療関係における肯定的な関係、ラポールを指す。治療で求められている作業にクライエントが取り組める状態であることを意味し、治療がうまくいくために必要な要素である。フロイト（Freud, S.）が提唱した治療同盟とほぼ重なる。

専門家でなくとも、むやみに批判したり、意見を押しつけることなく、ある程度誠意をもって相手の話に耳を傾けることができれば、話した相手も受けとめてもらえたと感じることができ、ほどほどの信頼関係は形成されるであろう。ただし、相手に嫌われないよう、良い関係を維持しようと、相手の言うとおりに合わせることだけでは、本当の信頼関係は築けない。このような関係は、結局あるところまできて、お互いが本音を語れない関係に終わってしまう。保育者と保護者のお互いが尊重され、大切にされる関係に向けて努力する姿勢が、相手の信頼を得ることにつながる。

5 ── 保育現場でカウンセリングマインドを生かす工夫

　確かに、じっくりと話を聴く機会を設けたいと願う保育者は多くいる。しかしながら、日常の保育のなかでこうした時間を作ることは、至難の業である。保育現場でカウンセリングマインドを生かし、保護者や子どもと信頼関係を築くためには、独自の工夫が必要である。

　たとえば、保護者が話を聞いてもらえる時間をたくさん作ることよりも、日々のちょっとしたやりとりのなかで、保育者が保護者の気持ちをキャッチしているよ、と伝わるような応答をするよう心がけることなどがそれにあたる。小さなやりとりが毎日あることが、強みなのだ。そして保護者たちは、自分に対する接し方に加えて、子どもへの保育者の真摯なかかわりや、子どもの様子などからも信頼を向けるようになっていく。

　相談の始まりは、送り迎え時のほんのちょっとした立ち話がほとんどであろう。特にその保護者だけと話すというわけにはいかず、話が中断されたりほかの保護者たちとの挨拶があったりもする。ゆえに、こちらの熱心さのあまりに家庭の細かな事情を根ほり葉ほり聞き出すようなことは慎みたい。虐待のように子どもの安全にかかわる問題以外は、保護者が語れる範囲のものを受けとめることに徹するのが好ましい。また、保護者が配偶者を悪く言うような場合、どちらか一方に同情しすぎると、語られる内容を冷静に聞き取るゆとりが自ずとなくなるので、できればこういったことにも注意が必要である。

6 ── 保護者の心の特性を理解して、子育てを支援する

　生涯発達のある時期、多くの人々が共通にもつ心理的特性がある。その組み合わせや内容は、一人ひとり異なるものの、各ライフステージに一定期間共通する心的構造というものがあり、発達心理学や臨床心理学においてさまざまな

研究がある。思春期心性といったものは、一般にもよく知られている。

　母親に対する援助理論が最も重要な子育て支援の領域では、援助に有効な子育て期の母親の心性について論議が活発である。たとえば、子どものことで相談に訪れる保護者は、子育てのことで問題を抱えているという認識があっても、自分が治療を受けるべき心理的問題をもっているとは思わない人々が大半である。しかし、一方で、子育てを支えてくれる心理的な援助を求める気持ちも強い。彼らには、子育て途中の母親に共通する独特の感じ方や、ニーズというものがあって、それらが強力な心的構造を編成することがわかってきた。スターン（Stern, D.）＊3は、これを母性のコンステレーションと呼ぶ3)。

　この心理的特性が、実践に特に貢献したところは、援助を求める母親の援助者への対人的態度の理解が可能となったことである。援助は求めるが、母親としてのアイデンティティ再編に支障のないように自尊感情は守られなくてはならない。母親が一番求めるのは、具体的な子育て経験に裏打ちされた知恵であり、母親のがんばりに敬意も払いつつ、具体的援助の提案のできる支援者を求めているのである。そして多くの場合、子どもの問題が解決すれば、それ以上相談を続ける動機はもち合わせていない。したがって、こういうクライエントに対して、あてもなく、「これからいろいろと一緒に考えていきましょう」などと相談を続けていくと、相談の中断率が高くなってしまうだろう。

7 ── カウンセリングで用いられる基本的な用語

　カウンセリングマインドを実践するために、基本的なカウンセリングの態度を表すいくつかの用語をまとめておこう。これらは誰にでもできる当たり前の態度であるようでいて、それを実践することは大変難しい。カウンセリングの分野で、ロジャーズ（Rogers, C.R.）が創始したクライエント中心療法＊4と呼ばれるものがあるが、①から④までの用語は、特に重視されている4)。このような態度を自然な形で身につけることは、容易ではないが、体験型の学習によって、内省的な機会を増やし、自分のなかに何らかの気づきを得る機会を重ねることは、自己成長の機会につながる貴重な体験となるであろう。エンカウンター・グループ＊5などもその良き学習機会となる。

①傾聴：　クライエントが、ある事実をどのような価値観や感情を背景にして体験しているのかを理解するために、ありのままに聞く姿勢を傾聴という。したがって、相手の話に漫然と耳を傾けるのではなく、そのときの表情、視線、しぐさや雰囲気などの非言語的コミュニケーションを含めて、相手がどのよう

＊3　スターン
（Stern, Daniel N
1934－2012）
米国の精神分析学者、発達心理学者。精神分析の発達理論として描かれた臨床乳児と、実際の観察のもとに描かれた被観察乳児を対比させ、母子の直接観察データから新生・中核・主観的・言語自己感という4種類の発達領域を唱えた。また母子関係の交流から情動調律の概念を提唱した。

＊4　ロジャーズ
（Rogers, Carl Ransom
1902－1987）
人間の成長力を中心仮説とし、非指示的療法と呼ばれる、主体性のある自己選択を援助する方法を提唱し、後にクライエント中心療法として展開した。後年ベーシック・エンカウンター・グループを展開し、それをコミュニティのなかで生かした人間中心のアプローチを形づくった。

＊5　エンカウンター・グループ
ロジャーズの理論と実践に基づく集中的グループ体験の一形態。広義には米国で1960年代から展開した動向や、体験グループ学習の総称。健康者の心理的成長を目的とされ、1～2名のファシリテーターと10名前後のメンバーが自己理解・他者理解、自己と他者の深く親密な関係を体験する。

に感じているのか、考えているのか、どんなことを望んでいるのかを能動的に理解する姿勢であるべきである。そのようなとき、相手への問いかけも、より開かれたものとなろう。

②**開かれた質問**：　主に「何が？」「どのように？」などで始まる質問の仕方である。これによって、相手の自由な応答や語りを促進する。傾聴の姿勢がとれている場合には、自ずと相手への問いかけも、このような開かれたものとなろう。

　これに対して、閉ざされた質問は「はい」「いいえ」など、一言で答えられる質問で、具体的な情報収集には適するが、クライエントが自らを自由に語ることの妨げになる可能性がある。

③**受容**：　許容的、非審判的な態度でクライエントの考え、感情、行為を無条件で聞き入れることである。自分の価値観、偏見、先入観、独断で相手の気持ちや考えなどを推測したり、裁いたり、とがめたり、抑制したり、直そうとしないことが大切である。相手の話を聞けば、当然自分のなかにもさまざまな思いがわいてくる。そのような葛藤も含めて心のなかで対話を続けながら相手を受け入れようとしていくことでもある。

④**支持**：　相手の言動を肯定し、承認して、話の内容やそのときの相手の感情、思いに同調する気持ちを表現することである。相手の言うことをすべて支持するということではなく、カウンセリングの理論、過去の事例、経験などを基に、支持するものと支持しないものを識別する一貫性が必要となる。

⑤**共感的理解**：　聞き手が傾聴し、相手の言葉やしぐさなどから、相手の気持ちをあたかも自分のことのように感じ取ることである。「私はこのように聞き、こう受けとめ理解した」などと、自分が受容し理解したことを相手に戻してあげることが必要となる。これによって、相手は聞き手が真剣に誠意をもって自分の話に耳を傾けること、自分を受けとめ理解し自分の存在を認めてもらっていることを知る。

　この過程を通して、クライエントは、これまで失われがちになっていた、本来自分が思い描く、自分らしさを安心して取り戻すことができるようになるという。

⑥**情動調律**：　相手の情動表出に、全くの模倣ではなく、強さ、形、タイミングといった次元において、何らかのマッチングのある応答形式のことである。

半ば無意識的に行っており、情動状態の間主観的な共有の一形式である。たとえば、子どものうれしくて飛び跳ねるリズムに合わせて、思わず保育者が、何度もうなずいているときに、情動調律が起こっている。このとき子どもは、より強く一体感をもつことができ、自分の体験に無条件の承認を受けているように感じる。これは大人同士の関係のなかにも生じている。このような非言語的なかかわりのなかに相手に承認されているか共感的に理解をしてもらえているかが伝わる。

8 ── 他機関の連携や危機介入

　日ごろから、保護者との信頼関係作りを積極的に行うことは、保育者が、安心して子どもとかかわる環境作りの一環としても重要なことである。ただし、虐待の懸念など、緊急性を要する問題は、常に生じる可能性があり、危機介入が求められる。

　この場合、園外の専門機関との連携が重要である。異なる立場の専門家に、保育のなかで起こっている問題の解決に向けて、助言や援助を受けることを「コンサルテーションを受ける」と言うことがある。相談に乗ってくれる外部の専門家をコンサルタント、相談を受ける専門家をコンサルティと呼ぶ。

　コンサルテーションは、未熟な者に指導を与える、というようないわば上下の関係ではなく、対等な関係のなかで、1つの問題解決に向けて協働する関係である。コンサルタントの専門は、医療、教育、法律、福祉専門家、あるいは心理など、さまざま考えられる。問題解決に有効な資源を十分活用することが望ましい。

　なお、保育の場で、保護者との信頼関係を築くことが極めて困難な事例もある。保護者との関係でトラブルが深刻化したり、長期にわたることで、肝心の保育に支障が出ることは回避したいが、心身の消耗から燃え尽きて、バーンアウトを起こすリスクもある。

　自分を責め過ぎず、また、相手も大切にしながら、自分の意見や気持ちを率直に、適切な方法で表現する態度を身につけることは、より良い保育を実践することに役立つだろう。その意味で、アサーショントレーニングは、豊かな人間関係を築くことを目指したコミュニケーション訓練の一方法として、有用であろう。

キーワード

カウンセリングマインド　傾聴　受容　共感　情動調律　母性のコンステレーション

ワーク⑭ カウンセリングマインドを生かしてみよう

事例⑫　相談したい保護者

　5月。ある保育園の4歳児クラスのお迎え時です。J君には、2歳の妹がいて、家庭ではけんかが絶えないそうです。

　今朝も、大事にカバンにつけていたマスコットをJ君に壊されてしまい、大泣きした妹を保護者が抱え、後からJ君がとぼとぼついて登園してきました。普段園では、J君が妹をいじめることはなく、むしろ園庭の砂場で楽しく遊ぶ様子が見られるほどでした。保育者も、そのギャップをどうしたものかと思っていたところでした。

　その日の帰りがけに、保護者がきょうだい仲の悪いことをJ君の担任に相談し始めました。

●この保育者と保護者の次の会話の一コマを用いて、ロールプレイ（役割演技）を行ってみましょう。

保護者①：お兄ちゃんが妹にものすごく乱暴なので、目が離せないんです。いつも言い聞かせているのですが、何度言っても同じことで困っています。妹がかわいそうで仕方ありません。

保育者①：それは大変ですね。園では、お友だちに優しいJ君ですよ。

保護者②：とにかく、先生もJに厳しく言ってください。

保育者②：わかりました。

★ロールプレイの行い方

　2人または、3人のグループを作ります。保護者と保育者になって、残りのメンバーは、観客として、ロールプレイを見守ります。

　保護者と保育者が、立ち話をしている設定で、始めましょう。

　演じ終わったら、気づいたことを話し合いましょう。

　役割は、毎回交代しながら、時間の許す限り、いろいろと演じてみて下さい。

●STEP 1

自分の演じた役割（保護者、保育者、観客）ごとに思ったことを書きましょう。

1：役を演じて、どのように感じましたか？思い浮かんだことや、連想したことを書いてみましょう。
（　　　　　）役

2：相手は、そのときどのように感じていたのだと思いますか？想像して書いてみましょう。
（　　　　　）役

3：観客だった人は、上段の1を保護者、2を保育者として、それぞれの気持ちを想像して書き込んで下さい。そして自分が保育者だったら、どう演じるかをこの欄に書いてみましょう。

4：1から3までが書けたら、メンバーと共有して、改めて気がついたことを書いてみましょう。

●STEP 2

　保護者①のセリフを、十分よくうなずき、保護者を受けとめようと意識しながら傾聴し、保育者①のセリフを演じてみましょう。全員が、保育者と保護者の役割を演じてみて下さい。

1：保護者役をしているときに、どのような感じがしたか、書いてみましょう。

2：保育者役をしているときに、どのように感じたか、書いてみましょう。

3：ほかにも、演技のなかで、セリフ以外の仕草や表情で、気づいたことを話し合って書き出してみましょう。

・保護者①のとき

・保育者①のとき

・保護者②のとき

・保育者②のとき

●STEP 3

保育者②のセリフを話し合い、自分たちでより良いセリフに改変して、演じてみましょう。

1：話し合った保育者②のセリフの候補を書きましょう。

2：演じて感じたことや気づいたことを書きましょう。特に保護者の感じ方を想像して書いてみましょう。

3：みんなで上記の2を共有し、改めて、気がついたことを書きましょう。

まとめ：傾聴や共感的理解について、全体の意見や講義を踏まえて、この演習を通して学んだこと、感じたことを書き留めておきましょう。

●コラム③ 「インクルーシブな保育」

　病気により自立歩行が難しいKちゃんが入園してきました。さっそく、自立歩行の助けになるかと思いトイレや廊下に手すりをつけたのですが、感想を聞くと「めんどうくさい」という返事。理由は手すりを使って１人でトイレに行くより、人に介助してもらったほうが楽だからという返事でした。確かにそうかもしれませんし、「やって」というお願いをする力も必要です。

　室内での彼の移動はいつもハイハイでしたが、そのことで周囲の子どもにひけを取ることはなく、仲間と一緒に大切な存在として育っていきました。5歳児になると歩行器で移動も速くなり、杖を使っての練習も始まりました。秋になり、運動会の種目を子どもたちと考えるなか、例年通りリレーをやりたいという声があがりました。Kちゃんと一緒にどう進めるか保育者が悩んでいると、子どもたちはそんなことはあまり気にする様子もなく、「歩行器を使って参加すればいいとか」「ハイハイをすればいい」という、今のままの状態での参加を考えていました。本人にもどうやって参加したいかを何度も確認するなかで、やがて、得意なハイハイを生かし、段ボールを使ってキャタピラ競走を入れればいい（！）という発想にたどり着きました。そこから、どのくらいの距離をキャタピラで進んで歩行器に乗るか考えたり、Kちゃんが一番だとみんなと一緒にスタートできるなど、次々アイデアが生まれてきました。勝負を気にしていたのは大人の方で、子どもたちは仲間と一緒に楽しむことを一所懸命考えてくれました。

引用・参考文献

第1部－1
・引用文献
1）田口鉄久「子どものことばと保育者」太田光洋編『保育内容・言葉』同文書院　2006年　p.46
2）文部科学省『幼稚園教育要領解説』フレーベル館　2008年　p.151
3）同上書
4）箕輪潤子「生活のなかで言葉の楽しさや美しさに気づく」秋田喜代美・中坪史典・砂上史子編『保育内容　領域「言葉」』みらい　2009年　p.93
・参考文献
秦野悦子編『ことばの発達入門』大修館書店　2001年
繁多進編『乳幼児発達心理学』福村出版　1999年
大越和孝・加古明子・田中東亜子・松本和美『ことばが生まれ　ことばが育つ』宣協社　1999年

第1部－2
・参考文献
河邉貴子『遊びを中心とした保育　―保育記録から読み解く「援助」と「展開」―』萌文書林　2005年
無藤隆（監）『事例で学ぶ保育内容〈領域〉人間関係』萌文書林　2007
文部科学省『幼稚園における道徳性の芽生えを培うための事例集』ひかりのくに　2001年

第1部－3
・引用文献
1）柏木惠子『幼児期における「自己」の発達：行動の自己制御機能を中心に』東京大学出版会　1988年　p.13
2）同上書
・参考文献
大内晶子「第6章 自己主張と自己抑制」清水益治・無藤隆編著『保育の心理学Ⅱ』北大路書房　2011年
山本愛子「幼児の自己調整能力に関する発達的研究：幼児の対人葛藤場面における自己主張解決方略について」『教育心理学研究　43号』日本教育心理学会　1995年　pp.42－51
子安増生・鈴木亜由美「幼児の社会的問題解決能力と心の理論の発達」『京都大学大学院教育学研究科紀要48号』京都大学大学院教育学研究科　2002年　pp.63－83
首藤敏元「幼児の向社会的行動と自己主張－自己抑制」『筑波大学発達臨床心理学研究　7号』筑波大学心理学研究編集委員会編　1995年　pp.77－86

第1部－4
・引用文献
1）Fants, R.L., The origins of form perception. Scientific American, 204, 1961年　pp.66－72
2）鯨岡峻著『エピソード記述入門』東京大学出版会　2005年　pp.97－106
3）Cole,P.M., Children's spontaneous control of facial expression. Child Development, 57, pp.1309－1321

第2部—1

・参考文献

浜田寿美男『身体から表象へ』ミネルヴァ書房　2002年

岡本夏木『ピアジェ，J.』村井潤一編『発達の理論をきずく』（別冊発達4号）ミネルヴァ書房　1986年　pp.127－159

無藤隆著『知的好奇心を育てる保育』フレーベル館　2001年

無藤隆・高橋惠子・田島信元編『発達心理学入門Ⅰ　乳児・幼児・児童』東京大学出版会　1990年

第2部—2

・参考文献

青木紀久代・神宮英夫編『徹底図解　心理学』新星出版社　2008年

東洋・大山正・詫摩武俊・藤永保編『心理用語の基礎知識』有斐閣　1973年

石井正子・松尾直博編『教育心理学　保育者をめざす人へ』樹村房　2000年

第3部—1

・参考文献

阿部利彦『発達障がいを持つ子の「いいところ」応援計画』ぶどう社　2006年

榊原洋一『図解よくわかる発達障害の子どもたち』ナツメ社　2011年

杉山登志郎『発達障害の豊かな世界』日本評論社　2000年

小谷裕実・佐々木正美・山中康裕・杉山登志郎・北山修（橋本和明編）『発達障害支援の可能性：こころとこころの結び目　（花園大学発達障害セミナー4）』創元社　2011年

金子晴恵（宮尾益知監修）『はるえ先生とドクターMの苦手攻略大作戦3　体と手先の運動編』教育出版　2010年

木村順『育てにくい子にはわけがある　―感覚統合が教えてくれたもの　（子育てと健康シリーズ）』大月書店　2006年

杉山登志郎『発達障害のいま』講談社　2011年

第3部—2

・引用文献

1）秋田喜代美「「幼児」から「児童」へ―子どもの声から捉える幼少移行―」『児童心理　臨時増刊』No.948　小学一年生・二年生のこころと世界　金子書房　2012年　pp.12－19

2）文部科学省『平成22年度幼児教育実態調査』2011年
　　http://www.mext.go.jp/a_menu/shoto/youchien/08081203.htm

3）田中康雄「特別支援教育のいま　―教育と医学の役割を考える」『こころの科学』No.163　日本評論社　2012年　pp.14－18．

4）石塚謙二「これからの特別支援教育に期待すること　―変わったこと・変われないことを見据えながら」『こころの科学』No.163　日本評論社　2012年　pp.19－23

5）井上万理子「子どもの障害と家族支援の実際」青木紀久代編著『いっしょに考える家族支援：現場で役立つ乳幼児心理臨床』明石書店　2010年　pp.188－206

6）税田慶昭「未就学児の発達支援―早期支援という残された課題」『臨床心理学』第12巻第5号　金剛出版　2012年　pp.634－640

・参考文献

大神英裕『発達障害の早期支援：研究と実践を紡ぐ新しい地域連携』ミネルヴァ書房　2008年

高野久美子『教育相談入門：心理援助の定点』日本評論社　2012年

田中康雄『発達支援のむこうとこちら』日本評論社　2011年

第3部−3

・引用文献

1）内閣府『平成24年度版　子ども・子育て白書』2012年
　　http://www8.cao.go.jp/shoushi/whitepaper/w-2012/24pdfhonpen/24honpen.html
2）文部科学省「重要対象分野に関する評価書－少子化社会対策に関連する子育て支援サービス　3．各事業の評価　(b)子育て支援・預かり保育」
　　http://www.mext.go.jp/a_menu/hyouka/kekka/08100102/010.htm
3）大豆生田啓友・太田光洋・森上史朗編『よくわかる子育て支援・家族援助論[第2版]』ミネルヴァ書房　2012年
4）庄司一子「育児不安にどう対するか」『児童心理』第59巻12号　金子書房　2005年　pp.39−45
5）佐藤暁「発達障害のある子をもつ保護者への支援」『児童心理』第59巻12号　金子書房　2005年　pp.58−63
6）金子恵美『増補　保育所における家庭支援－新保育所保育指針の理論と実践』全国社会福祉協議会　2010年

・参考文献

イワニエク,D.（桐野由美子監修・麻生九美訳）『情緒的虐待／ネグレクトを受けた子ども－発見・アセスメント・介入』明石書店　2003年
青木紀久代編著『いっしょに考える家族支援現場で役立つ乳幼児心理臨床』明石書店　2010年

第3部−4

・引用文献

1）文部科学省初等中等教育局特別支援教育課「平成22年度特別支援教育体制整備状況調査　調査結果」
　　http://www.mext.go.jp/a_menu/shotou/tokubetu/material/1306927.htm
2）厚生労働省「障害保健福祉関係主管課長会議資料等：障害児支援の強化について」
　　http://www.pref.kochi.lg.jp/uploaded/attachment/57958.pdf
3）松本真理子・金子一史編『子どもの臨床心理アセスメント』金剛出版　2010年　pp.43−49

・参考文献

内山登紀夫監修・諏訪利明・安倍陽子編著『特別支援教育をすすめる本1　こんなときどうする？　発達障害のある子への支援［幼稚園・保育園］』ミネルヴァ書房　2009年
安藤忠・川原佐公編著『特別支援保育に向けて』建帛社　2008年
佐藤暁・小西淳子『発達障害のある子の保育の手だて』岩崎学術出版社　2007年

第3部−5

・引用文献

1）コミュニティ心理学会編『コミュニティ心理学ハンドブック』東京大学出版会　2007年
2）青木紀久代「親子を支える保育者の心理臨床的関わり」　馬場禮子・青木紀久代編『保育に生かす心理臨床』ミネルヴァ書房　2002年
3）Stern, D. 1996 The Motherhood Constellation: A Unified View of Parent-Infant Psychotherapy. New York: Basic Books.（馬場禮子・青木紀久代訳『親―乳幼児心理療法～母性のコンステレーション～』岩崎学術出版社　2000年）
4）佐治守夫・飯長喜一郎編著『ロジャーズ　クライエント中心療法　新版　カウンセリングの核心を学ぶ』有斐閣　2011年

・参考文献
　青木紀久代監修・東京都社会福祉協議会保育部会調査研究委員会編『保育園における苦情対応─対応困難事例とワーク─』東京都社会福祉協議会　2012年
　青木紀久代編著『一緒に考える家族支援』明石書店　2010年
　滝口俊子・山口義枝『保育カウンセリング』放送大学教育振興会　2008年
　山本和郎『臨床心理学的地域援助の展開─コミュニティ心理学の実践と今日的課題』培風館　2001年

索 引

あーお

アサーショントレーニング　109
安全基地　22
育児不安　88
移行期　76
一時預かり事業　85
一対一対応　50
インクルーシブ保育（教育）　94, 114
ヴィゴツキー（Vygotsky, L.S.）　13
エコロジカルな視点　76
エリクソン（Erikson, E.H.）　63
エンカウンター・グループ　107
エンゼルプラン　84
延滞模倣　57
延長保育　85
応答的な関係　10
オペラント条件づけ（道具的条件づけ）　56

かーこ

カウンセラー　104
カウンセリング　104
カウンセリングマインド　105
学習　56
家族支援　84
観察学習　57
危機介入　109
気になる子ども　88, 94
虐待　89
教育相談　79
教育的ニーズ　94
共感的理解　108
協働　104
協同性　21
共同注意　11, 40
クライエント（来談者）　104
クライエント中心療法　107
傾聴　107
個人差　62, 70
子ども・子育て応援プラン　84
子ども・子育て新システム　84
子ども・子育てビジョン　84
コミュニケーションの道具　10
コミュニティ心理学　104
コラボレーション　104
5領域　77
コンサルタント　109

コンサルティ　109
コンサルテーション　109

さーそ

三項関係　11
作業同盟　105
自己主張　20, 30
自己制御　20
自己中心性　50
自己調整　30, 38
自己抑制　30
支持　108
児童発達支援　94
社会化　42
社会的参照行動　41
社会的スキル　30
社会的微笑　40
就学相談　78
就学相談委員会　78
受容　108
障害別通園施設　94
少子化対策　84
少子高齢化　84
情動調整　30
情動調律　108
新生児微笑　40
身辺自立　62
心理アセスメント　78
心理的特性　106
スクールカウンセラー　79
スターン（Stern, D.）　107
スモールステップ　99
精神年齢　70

たーと

知能検査　70
通常学級　78
統合保育　94
特別支援学級　78
特別支援学校　78
特別支援教育　77, 94
特別支援教育コーディネーター　79
閉ざされた質問　108

なーの

喃語　10
ノーマライゼーション　94

はーほ

バーンアウト（燃え尽き症候群）　109
発達　70
発達障害　70, 94
ピアジェ（Piaget, J.）　50
非言語的コミュニケーション　107
病後児保育　85
病児保育　85
開かれた質問　108
ファンツ（Fants, R.L.）　40
保育カウンセリング　104
保育指導　104
保育所児童保育要録　77
保育所等訪問支援　95
保育相談支援　104
母性のコンステレーション　107

まーも

マザリーズ　10

やーよ

幼児の行動評定尺度　30
幼稚園幼児指導要録　77
要配慮児　95
要保護児童対策地域協議会　89

らーろ

ライフサイクル　63
ライフステージ　106
レジリエンス　23
ロジャーズ（Rogers, C.R.）　107

子どもとかかわる力を培う
実践・発達心理学ワークブック

2013年4月15日　初版第1刷発行
2019年3月1日　初版第6刷発行

編　　者　青木紀久代・矢野由佳子
発 行 者　竹鼻均之
発 行 所　株式会社みらい
　　　　　〒500-8137　岐阜市東興町40　第5澤田ビル
　　　　　TEL　058-247-1227代
　　　　　URL　http://www.mirai-inc.jp/
印刷・製本　サンメッセ株式会社

ISBN978-4-86015-276-5 C3037
Printed in Japan　　乱丁本・落丁本はお取替え致します。